Türkei

Michael und Edda Neumann-Adrian

MERIAN-TopTen

Höhepunkte, die Sie unbedingt sehen sollten

1 **Topkapı Sarayı (Topkapi-Palast)**
Traumschön der Platz über dem Marmarameer, Hallen voll unbezahlbarer Schätze der Sultane (→ S. 32).

2 **Ephesos**
Wie die »alten Griechen« lebten: Hier ist es an originalen Bauten und Wohnungen noch zu erleben (→ S. 48).

3 **Dilek-Nationalpark**
Grandiose Landschaft am Meer – Waldberge und versteckte Badeplätze (→ S. 51).

4 **Patara-Strand**
Unabsehbar lang, feinsandig, breit und von hohen Dünen gerahmt – Lebensraum seltener Schildkröten (→ S. 64).

5 **Olympos-Nationalpark**
Hoch aufragendes Gebirge, um antike Ruinen das Gehölz dschungeldicht, ein unverbauter Strand (→ S. 66).

6 **Antalya-Museum**
Das wichtigste Museum der Südküste präsentiert in schöner Lage glanzvoll seine antiken Kostbarkeiten (→ S. 68).

7 **Nemrut-Dağı-Nationalpark**
Fernab der Küsten in den anatolischen Bergen: ein Grabkegel mit riesigen Menschen- und Tierfiguren (→ S. 73).

8 **Insel Akdamar im Van-See**
Der wunderschöne Van-See im Kranz der Hochgebirgsgipfel, ein Inselchen mit einer tausendjährigen Kirche (→ S. 78).

9 **Pamukkale**
UNESCO-Weltkulturerbe, die Wasserbecken stehen unter Naturschutz – und Thermalbäder gibt's auch (→ S. 88).

10 **Museum der anatolischen Zivilisationen**
Die 9000-jährige Geschichte Anatoliens: In Ankara ist sie zu besichtigen (→ S. 95).

MERIAN-Tipps ⇢
finden Sie auf Seite 128

Inhalt

MERIAN-TopTen
Höhepunkte in der Türkei, die Sie unbedingt sehen sollten
← S. 1

MERIAN-Tipps
Tipps und Empfehlungen für Kenner und Individualisten
S. 128 →

Erläuterung der Symbole

Für Familien mit Kindern besonders geeignet

Diese Unterkünfte haben behindertengerechte Zimmer

In diesen Unterkünften sind Hunde erlaubt

CREDIT *Alle Kreditkarten werden akzeptiert*

Keine Kreditkarten werden akzeptiert

Preise für eine Übernachtung für zwei Personen im Doppelzimmer inklusive Frühstück:

●●●● *ab 90 €* ●● *bis 50 €*
●●● *bis 90 €* ● *bis 20 €*

Preise für ein Menü mit Vorspeise und Dessert, ohne Getränke:

●●●● *ab 30 €* ●● *bis 12,50 €*
●●● *bis 30 €* ● *bis 7,50 €*

Karten und Pläne

Die Buchstaben-Zahlen-Kombinationen im Text verweisen auf die Planquadrate der Karten, z. B.

---> S. 113, D 6 Kartenatlas
---> S. 69, b 3 Detailkarte innen
---> Umschlagkarte hinten, c 5

Mit Straßenkarte

TÜV SÜD
1. GEPRÜFTER REISEFÜHRER
MERIAN *live!*

Schnelle Orientierung	*Klarer Aufbau. Übersichtliche Seiten, Verzeichnisse und Karten*
Kompakte Informationen	*Alles über Ziele und Umgebung in Kürze, viele nützliche Tipps*
Aktuelle Inhalte	*Angaben werden laufend kontrolliert und aktualisiert*

Extra MERIAN Quiz
---> S. 25

Die Türkei stellt sich vor

So buchtenreich, mit sanften Hügelhängen zum Meer, mit kleinen Inseln und freundlichen Städtchen ist die Türkei vor allem an ihrer ägäischen Westküste und im Südwesten zu erleben. Im Bild: die Alibey-Insel bei Ayvalık (→ S. 41).

Brücke zwischen Europa und Asien, Reiseland für Sonnenhungrige wie für Bewunderer alter Kulturen, Land der langen Badestrände und der noch naturbelassenen Gebirge – all das ist die Türkei.

Ein Land mit vielen Verheißungen

Wenn wir die alten Fotos hervorsuchen, die von unserer ersten großen Türkeireise in den Achtzigern des vorigen Jahrhunderts – ja, wie haben sich die türkischen Sonnenküsten verwandelt, seit wir sie damals erlebt haben? Menschenleer waren die Strände von Antalya bis Alanya, Side war ein Dorf mit einem antiken Theater, und weit und breit war kein größeres Strandhotel auszumachen. Nicht anders an der türkischen Ägäisküste von Ayvalik bis Kusadaşı. Wir wollen Sie nicht mit vielen Zahlen behelligen, aber doch diese nennen: Über 20 Millionen ausländische Touristen zählt die Türkei neuerdings jährlich, davon etwa vier Millionen aus Deutschland – aus unserem Land kommen also mehr Gäste in die Türkei als aus jedem anderen.

Die erste Million, sagt man, ist immer die schwierigste. Das haben die Tourismus-Planer in Ankara erfahren müssen, beim Zählen der ausländischen Touristen. Es kostete seit den Sechzigerjahren mehrere Anläufe, bis aus dem Tourismus der kleinen Zahl, dem Studienreisen-Tourismus auf der Spur der klassischen Stätten, der Tourismus der großen Zahl wurde. Eine lange Zeit sahen die touristisch etablierten Sonnenländer am Mittelmeer – Spanien, Italien, Griechenland, auch Tunesien und Jugoslawien – in der Türkei keinen ernsthaften Konkurrenten.

Die Initialzündung gab das **»South Antalya Tourism Development Project«**, kurz auch »Kemer-Project« genannt. Wir sehen die Baracken am Stadtrand von Antalya noch vor uns, in denen wir die Planer trafen, wie sie vor wandgroßen Karten Strände und Flugzeiten vermaßen: ob von Frankreich oder von Skandinavien, kein Tourist sollte mehr als sechs Stunden zwischen Abflug in seiner Heimat und der Ankunft in seinem Strandhotel unterwegs sein. Wir sehen auch die Betonmischer, Bagger und Schaufellader in Kemer noch vor uns, die aus den bäuerlichen Orangen- und Olivengärten Hotelareale herstellten. Die Baulöwen waren los.

Die breiten, zumeist feinsandigen Strände, die besten Winde für Surfer und Thermalquellen sind die Attraktionen der lang gestreckten Halbinsel Çeşme (→ S. 48).

Kemer, so war der Beschluss, sollte das Zentrum einer 75 Kilometer langen Urlaubsküste mit rund 75 000 Betten werden.

Nein, hörten wir, man wird keine Hoteltürme und Tausend-Betten-Herbergen an die Strände stellen. Man wird die Fehler, die andere machten, nicht wiederholen, wird Straßen und Kläranlagen bauen, für Elektrizität und zentrale Abfallbeseitigung sorgen, für Strandwärter und für Hubschrauber zur Waldbrandkontrolle.

Erstaunlich genug, das alles wurde getan und gelang. Die 26 Millionen Dollar von der Weltbank halfen, aber sie waren nicht der Hauptfaktor, der das Kemer-Projekt zur Erfolgsgeschichte werden ließ. Es war die Arbeit von hochmotivierten Menschen zur richtigen Zeit am günstigsten Ort, die mit dem »South Antalya Project« die Türkei für den Tourismus der großen Zahl attraktiv machte.

So attraktiv, dass einige Jahre später dann einige der besten Vorsätze überrannt wurden. Ein Vierteljahrhundert ist seit dem Start vergangen, und die grandios schöne Landschaft der türkischen Süd- und Westküste mit ihren Küstengebirgen und langen Stränden zeigt sich mancherorts doch mit zu viel Hotelbeton verbaut, auch wenn der sich vier- und fünfsternig in Szene setzt. Übrigens haben an der Küsten-Überbauung auch die »Lüks Villalar«, die Zweitwohnungs-Luxusdörfer, und die vielstöckigen Apartmentblocks ihren Anteil, die sich vor allem wohlhabende Türken leisten.

Glücklicherweise ist die Türkei ein sehr großes Land mit langen Stränden und einem fast unerschöpflich weiträumigen Hinterland. Noch viel zu wenig sind etliche türkische Nationalparks bekannt, zum Beispiel der **Nemrut-Dağı-Nationalpark**, obwohl die antiken Skulpturen überlebensgroßer Köpfe und Adler schon auf zahllosen Plakaten erscheinen.

Die fantastische Erosionslandschaft Kappadokiens (→ S. 92) ist geprägt von den zahllosen, immer wieder überraschenden Felstürmen. Baumgrüne Täler locken zum Wandern.

Insgesamt sind es über 20 National- und Naturparks.

Die Fläche der Türkei ist fast doppelt so groß wie die Deutschlands, die Bevölkerungszahl jedoch um etwa 15 Millionen kleiner. Große Teile Inner- und Ostanatoliens sind allerdings kaum bewohnbare Hochgebirge und Steppen. Den Mitteleuropäer muten diese in tagelangen Busfahrten zu durchquerenden Weiten immer wieder abenteuerlich an, mit ihren verfallenen oder neuerdings wieder schön hergerichteten seldschukischen Karawansereien, mit trutzigen Burgen im Gebirge, mit großen Schafherden und Hirten in weiten Mänteln.

Atemraubend ist das Tempo, mit dem sich Eselspfade in Highways, Hirtendörfer in Hotelstädte und Ferienclubs verwandelt haben. Die Türkei ist zu einem »Urlauberparadies« avanciert, aber sie ist auch viel mehr: ein Schatzhaus der Kulturen aus neun Jahrtausenden, immer aufs Neue Schauplatz historischer Entscheidungen zwischen Orient und Okzident.

Mit guten Gründen wählten sich **griechische Kolonisten** Kleinasiens Westküste aus: Warm, doch nicht wüstenheiß sind die Sommer, mild die Winter, sanft steigen die Gebirge an, fruchtbar sind die Ebenen mit ihren Olivenhainen und Feigen, Weinreben und Kirschen, mit Baumwolle, Orangen und Zitronen und neuerdings auch wieder Weinbau. Monatelang prunkt das Land in der purpurnen Schönheit des Oleanders.

Kein Wunder, dass sich gerade am Berg Ida, heute Kazdağı, die drei göttlichen Damen Hera, Athene und Aphrodite dem Trojanerprinzen Paris zur Schönheitswahl stellten. Das ist homerische Erzählung. Historische Wahrheit ist die Landnahme dorischer und ionischer Auswanderer vom griechischen Festland vor bald drei Jahrtausenden. Die griechischen Hafen- und Handelsstädte an der kleinasiatischen Ägäisküste gründeten ihrerseits Kolonien, bis weit an die Küsten des Schwarzen Meeres. Da die Erosionsfracht der Flüsse die Häfen immer wieder versanden ließ, wurden Städte wie Priene, Milet und Ephesos verlegt oder ganz aufgegeben. Eine goldene Chance für Archäologen: Ihr Ausgräbereifer verwandelte etliche Plätze der türkischen Westküste in Freilichtmuseen.

Von Homer bis heute

Die Heere der **persischen Großkönige** unterwarfen zeitweise die Griechenstädte, wurden von Alexander dem Großen vertrieben, später gründeten die Generale des jung verstorbenen Makedonen ihre »Diadochenreiche«, die sich wiederum der aufsteigenden **Großmacht Rom** beugen mussten. Bis weit in den anatolischen Osten, bis Diyarbakır sind die steinernen Spuren des kaiserlichen Roms und – seit Konstantin dem Großen im 4. Jahrhundert n. Chr. – die Spuren des römischen Ostreichs **Byzanz/Konstantinopel** bis heute erhalten. Griechisch blieb bis ins hohe Mittelalter im Westen Anatoliens die Staats- und Verwaltungssprache. Und die christliche Orthodoxie war die Staatsreligion des byzantinischen Kaisertums bis zu seinem Ende – dem Fall Konstantinopels 1453 unter dem Ansturm des muslimischen Heeres, das **Sultan Mehmed II. Fatih** zum Sieg führte.

Seither, in den Anfängen aber schon seit dem 11. Jahrhundert, wurde Anatolien das Land der Türken, wurde zur **Türkei** und mit den Eroberungszügen bis vor die Mauern Wiens zum Schrecken Mitteleuropas. Doch später büßte das Reich der Sultane an Macht ein, wurde im 19. Jahrhundert zum hoch verschuldeten »kranken Mann am Bosporus«, verlor alle früheren Eroberungen vom Balkan bis Ägypten. Nach dem Ersten Weltkrieg war die Türkei nahe daran, von den Siegermächten aufgeteilt und großenteils annektiert zu werden. Mustafa Kemal Pascha, der später den Namen **Atatürk** (=Vater der Türken) erhielt, setzte sich an die Spitze des Widerstandes und bewahrte die Türkei nicht nur vor dem staatlichen Zusammenbruch. Kemal Pascha, erster Präsident der Türkischen Republik, leitete die kulturelle Wende und Westorientierung ein – für die tägliche Praxis eines Verfassungsstaates, mit der Trennung von Staat und Religion, mit der Einführung der Lateinschrift und mit einem ganzen Bündel anderer Reformen – die den Namen »Reform« tatsächlich verdienten. Symbol für die Westorientierung war sein Verbot des Fez. Das geschah vor rund 80 Jahren.

Die guten Beziehungen zwischen der Türkei und Deutschland sind älter. Seit dem 19. Jahrhundert waren deutsche Archäologen, Offiziere, Kaufleute und Techniker in der Türkei willkommen, im Ersten Weltkrieg waren Deutschland und die Türkei Verbündete, und in der Hitler-Ära wurden

Das Babylon in Istanbul (→ MERIAN-Tipp, S. 34), eine der besten und bekanntesten Jazzbühnen der Welt, hat stets Musiker aus aller Herren Länder zu Gast.

dem NS-Regime unliebsame Wissenschaftler an türkischen Universitäten berufen, deutsche Architekten wirkten an der Planung türkischer Städte mit. Das alles ist nicht vergessen.

Eine alte Freundschaft: Deutschland und die Türkei

Später kamen Millionen von Türken nach Deutschland. Viele türkische Arbeiter haben zwar die Menschen dort vor allem als »reich« und »kalt« empfunden. Doch wenn wir in der Türkei auf die Frage nach unserer Heimat »Almanya« antworten, hören wir auch oft: »Deutsche und Türken – gute Freunde!«

Tatsächlich pflegen ja viele Deutsche, die öfters in der Türkei Urlaub machen, dort herzliche Freundschaften. Und viele wissen aus eigener Beobachtung, dass die Menschen, mit denen sie in der Türkei umgehen, vom islamistischen Fundamentalismus himmelweit entfernt sind. Schon deshalb, weil sehr viele zu den **Alewiten** gehören, die dem Koran weniger formell folgen. Damit verhalten die Alewiten und auch viele andere türkische Muslime sich ganz ähnlich wie viele Christen in Europa, die keine Kirchgänger sind und der Bibel auch nicht wörtlich glauben, dass die Welt in sieben Tagen erschaffen worden ist.

Zu sehr bestimmen Vorbehalte und Befürchtungen derzeit die politischen Beziehungen. Zu sehr sind viele Politiker auf die Risiken eines EU-Beitritts fixiert und unterdrücken dabei die Tatsache, dass bis zur Aufnahme ohnehin noch fast ein Jahrzehnt der Verhandlungen verabredet ist.

Dieses Buch kann nicht die ganze Türkei vorstellen, mit all ihren hinreißend schönen Landschaften, mit ihren sämtlichen attraktiven Urlaubsorten, mit all ihren monumentalen Zeugnissen einer – rechnen wir bis zu den ersten städtischen Siedlungen von Çatal Höyük bei Konya zurück – 9000-jährigen Geschichte. Doch gerade weil das Land zwischen Ägäis und Ararat so viel zu bieten hat, kann ein Überblick über die großen Regionen, wird eine Auswahl der verlockendsten Routen von Nutzen sein. Gute Reise!

Gewusst wo ...

Eines der schönsten Stadtbilder weltweit steigt aus dem Dunst des Marmarameers auf, wenn man sich den Palästen und Minaretten Istanbuls (→ S. 31) von der asiatischen Küste her nähert, z. B. vom Bahnhof Haydarpasa, dem Startpunkt der Bagdadbahn.

Zwei Wochen Wellness oder eine Entdeckungstour ohne Zeitlimit? Meeresküsten oder Hochgebirge? Überall mehr als nur ein Hauch von Orient – ob Bildungserlebnis oder Segeltörn.

Übernachten

Die Türkei bietet alles: preiswerten Luxus und familiäre Gastlichkeit, Feriendörfer und edle Hotels.

Zur Hotelarchitektur an den Stränden der Türkei, wie hier im Hotel Gloria Verde in Antalya (→ S. 67), gehören meistens opulente Badelandschaften, oft auch mit künstlichen Wasserfällen und bizarren Türmen.

Camping oder Luxushotel?

Der Boom der Betten: Seit der Mitte der Achtzigerjahre wird an den touristischen Zentren Hotel um Hotel, Feriendorf um Feriendorf hochgezogen. Wer als Gast auf eine gewisse Garantie für Qualitätsstandards Wert legt, sucht sich Hotels und Pensionen aus, die vom Tourismusministerium oder auch von der **Belediye**, der lokalen Verwaltung, registriert sind. Anders als in Deutschland ist übrigens der Preisunterschied zwischen Einzel- und Doppelzimmern meist nur gering. Für Kinder gibt es in vielen Häusern Ermäßigungen.

Im Tatil Köyü, im **Feriendorf**, Urlaub zu machen war an türkischen Küsten schon lange Brauch, bevor die ausländischen Urlauber kamen. Viele Feriendörfer werden von großen Firmen oder Organisationen unterhalten und sind ausschließlich für deren Mitarbeiter und ihre Familien bestimmt. Unter den ausländischen Investoren war der Club Mediterranée bei Kemer einer der ersten. Inzwischen haben viele Veranstalter nachgezogen, zum Beispiel der Robinsonclub.

Privatzimmer und Ferienwohnungen

Wer sich in historischem Ambiente verwöhnen lassen möchte, findet viele verlockende Adressen. Ein schon legendäres Beispiel ist der »Pera Palas« in Istanbul, ein anderes ist das Bedesten Hotel in einer ehemaligen Karawanserei auf dem Burgberg von Alanya. Weitaus üblicher sind natürlich Ferienwohnungen und **Ferienhäuser**. Wer vor Ort und für mehrere Tage bucht, lässt sich am besten auch in Hotels das Zimmer vorab zeigen – so ist es in der Türkei üblich. Und nicht vergessen: In den einfachen Pensionen wiegt sehr oft die Herzlichkeit bei Empfang und Betreuung die Schlichtheit der Ausstattung und des Frühstücks um vieles auf. Echte türkische Gastfreundschaft? Es gibt sie!

Schaut man nach dem Exquisiten, nach den kleinen und feinen, von den Inhabern geführten Hotels der Sonderklasse aus – auch die gibt es, und sie haben auch internationalen Preisstandard. Exklusiv wohnt sich's beispielsweise in den **Boutique-Hotels**, mehrere finden sich auch im Angebot vom größten türkischen Reiseveranstalter »Öger Tours«.

Kräftige Preiszuschläge werden in vielen Häusern während der Hochsaison in den Monaten Juli und August gefordert, die wegen der hohen Temperaturen allerdings als Reisezeit eher weniger attraktiv ist.

Wo Camping auf öffentlichem Grund nicht ausdrücklich verboten ist, kann man sein Zelt aufschlagen, und in vielen Fällen wird man mit Privatbesitzern einig werden. Allein an der Südküste gibt es rund 50 Plätze, die das Tourismusministerium anerkennt.

Frost und Schnee sind an der Küste Ausnahmen, die Winterregen wechseln immer wieder mit sonnigem Himmel – warum also nicht beispielsweise in Antalya überwintern? In den Bergen in 2000 m Höhe kann man sogar Ski fahren. Immer mehr Hotels in der Türkei sind ganzjährig geöffnet und bieten zum Teil im Winterhalbjahr radikale Preisabschläge.

Der türkische Betten-Boom geht übrigens in eine neue Runde: unlängst kündigte das Tourismus-Ministerium 30 000 neue Hotelbetten »im oberen Qualitätssegment« an.

Empfehlenswerte Hotels und andere Unterkünfte finden Sie bei den einzelnen Orten im Kapitel »Unterwegs in der Türkei«.

Essen und Trinken

Um die türkische Küche ganz zu entdecken, braucht man mehr als einen Türkeiurlaub.

Die Fischrestaurants des einstigen Armenier- und Fischerviertels Kumkapı an der Küste des Marmarameers in Istanbul sind immer ein guter Tipp – besonders an schönen Sommerabenden!

Wo isst man was?

Mit den eigenen Augen und nicht nur nach der Karte auszuwählen ist landesüblich: Der Fisch wird vorgezeigt, bevor er gebraten wird; zur Auswahl der »mezeler«, der Vorspeisen, kommt ein Tablett, und bevor man sich für Suppe und Gemüse entscheidet, wird man eingeladen, dem Koch in die Töpfe zu gucken. In vielen Lokalen kann man Gerichte auch an einer Theke sehen und auswählen. Hapert es mit den Sprachkenntnissen, kommt man so trotzdem ohne Probleme zum Essen seiner Wahl.

Die Türkei ist kulinarisch ein Brückenland, das macht die Auswahl umso größer. Traditionen der zentralanatolischen Turkstämme und der Mittelmeervölker sind miteinander verschmolzen, im Südosten des Landes spielen auch arabische Einflüsse eine Rolle. Scharf gewürzt ist beispielsweise der »adana kebabi«. Kommt man bis Antakya, kostet man »künefe«, eine Süßigkeit mit Pistazien, die hier vollkommen anders schmeckt als eine Pistazienleckerei in Antalya.

Vom Straßenhändler bis zum weiß gedeckten Restauranttisch: Das Essen und Trinken ist in aller Regel recht preiswert, wenn man nicht gerade auf importierten Marken-Alkoholika besteht. Einfache »pide salonus« bieten gar keine alkoholischen Getränke an, sondern zum »pide«, dem mit Hackfleisch oder Käse belegten oder gefüllten Brotteig, Fruchtsäfte, Cola, Wasser oder »ayran«. Die Spezialität Ayran wird aus Joghurt, Wasser und Salz hergestellt und erfrischt angenehm.

Wesentlich größer ist die Auswahl in der »döner kebap salonus«: mit »döner« (entspricht dem griechischen Gyros), dessen dünne Scheiben vom Drehspieß geschnitten werden, sowie verschiedenen Reis- und Gemüsegerichten.

Die Übergänge von der »lokanta« zum »restoran/restaurant« sind fließend, bei Letzterem kann man jedoch ein etwas anspruchsvolleres Ambiente erwarten.

Richtig süß wird das Leben im »pastane«, der Konditorei, wo man schon zum Frühstück einkehren kann, um sich an Leckereien wie »baklava« (mit Sirup getränkt) oder »kadıngöbegi« (»Frauennabel«), in der Mitte zart eingedrückten, süßen weichen Plätzchen, zu erfreuen.

Natürlich stehen Fisch und Meeresfrüchte an den Küsten obenan auf der Spezialitätenliste – und auch auf der Preisskala. Damit einem die Rechnung nicht nachträglich den Appetit verdirbt, handelt man Preis und Gewicht am besten beim Bestellen aus, das ist üblich. Mehr als 12 bis 15 Euro braucht ein gutes Fischgericht nicht zu kosten.

Getränke – Içkisiz und Içkili

Die wichtigsten Getränke sind neben dem genannten Ayran der traditionelle Tee, Symbol der Geruhsamkeit und Geste der Gastlichkeit, und der »raki«, auch Löwenmilch genannt, weil sich der hellflüssige Anisschnaps weiß färbt, sobald man ihn – wie Pernod und Ouzo – mit Wasser verdünnt. Sehr empfehlenswert: Fruchtsäfte wie »vişne suyu« (Kirschsaft) oder »Íeftali Suyu« (Pfirsichsaft). Absolut unentbehrlich im türkischen Sommer ist »maden suyu« (Mineralwasser). Lokale ohne Alkoholika heißen »içkisiz«, Lokale mit Alkoholausschank »içkili«. Die meistverbreiteten Biere sind Efes sowie Tuborg und Löwenbräu (in Lizenz hergestellt). Von beachtlicher Qualität sind auch die türkischen Weine.

Empfehlenswerte Restaurants und andere Lokale finden Sie bei den einzelnen Orten im Kapitel »Unterwegs in der Türkei«.

Speisen wie die Sultane

Spuren der osmanischen Palastküche kann man noch heute in der türkischen Küche finden.

Wie wurde die türkische Küche neben der französischen und der chinesischen zu einer der weltweit berühmtesten? Vieles spielt dabei mit, angefangen bei den Nomadenhirten Ostanatoliens und ihren Milchprodukten Joghurt und Ayran. Soll doch der Hof des Sultans in Istanbul auch das Amt eines obersten Joghurtbereiters gehabt haben.

Das gute Essen war dem Eroberer von Konstantinopel/Istanbul wichtig, dem Sultan Mehmed II., der sich den Topkapı-Palast am Goldenen Horn erbauen ließ. Vier Küchen hatte der Palast. Die kleinste hieß Kuşhane, zu deutsch die Vogelkäfigküche, nach einem kleinen Kochtopf, den man so nannte, und dort wurde nur für den Sultan gekocht. Besucht man heute im zweiten Hof des Topkapı-Palasts die reichen Sammlungen chinesischen und osmanischen Porzellans, so befindet man sich genau da, wo die Köche ihre Kunst ausübten – im ehemaligen Küchentrakt. Der gesamte Palasthaushalt, bis zu 5000 Personen, wurde hier versorgt.

Bekömmliche Leckereien

Was war es, was sich der Sultan und die Seinen schmecken ließen? An exakten Rezepten fehlt es wohl in den Palastarchiven, aber geschätzt wurden Braten, die innen noch rosa waren, sauer gewürzte Suppen, Fisch, auch Fischrogen und Kaviar, Pastirma (von einer würzigen Paste umhülltes gedörrtes Rindfleisch), gewürzte Reisgerichte und Süßigkeiten. Von gefüllten Pasteten und anderen schweren Gerichten wurde dagegen abgeraten, Völlerei war nicht beabsichtigt. Auch wurden die Einschränkungen beach-

Kebab, ideal für einen Imbiss unterwegs: Aus voller Pfanne lässt man sich die gebratenen Fleischstücke und Gemüse – hier Tomaten, Paprika – in Weißbrot packen.

tet, die der Koran bei den Speisen vorschreibt. Das betrifft beim Fleisch, das ja der beliebteste Bestandteil der türkischen Küche ist, Schweinefleisch und Fleisch von Tieren, die nicht mit einem Schnitt durch die Kehle getötet wurden, sowie auch das Blut aus einem Tierkörper. Umso mehr hält sich die türkische Küche damals wie heute an Hammel- und Lammfleisch.

Die Ernährungswissenschaftlerin Nevin Halıcı erklärt die exzellente Qualität der klassischen Palast-Kochkunst Istanbuls mit dem kulinarischen Wetteifer der hochgestellten Würdenträger, sich mit exquisiten Kreationen hervorzutun. Man lud reihum zu den Mahlzeiten, verglich die Köstlichkeiten und stellte experimentierfreudige Köche an.

Regionale Vielfalt

Die türkische Küche hat viele, sehr verschiedene regionale Wurzeln und Varianten. Natürlicherweise dominieren an den Küsten Fische und Meeresfrüchte, wobei die Ägäis reichere Vielfalt bietet als die überfischte Südküste. Während das Istanbul-nahe Bursa die Ursprungsheimat des Döner Kebab ist, ist Südostanatolien für scharfgewürztes Fleisch bekannt und auch für »bulgurlu köfte«, Fleischbällchen mit gekochtem und zerstoßenem Weizen. Noch weiter im Osten, in Diyarbakır, gibt es in den besseren Restaurants »kaburga dolmasi«, gefüllte Jungziegenbrust. Für bestes »baklava«, die Pistazien-Süßspeise, ist Gaziantep bekannt, für »nuriye«, ein Dessert aus nussgefülltem Gebäck mit Sirup, wieder Diyarbakır. Und woher kommen traditionell die besten Köche? Aus Bolu, nordwestlich von Ankara.

Ganz Anatolien hat auf die Küche der Hauptstadt eingewirkt, viele volkstümliche Gerichte sind aber auch erst spät über ihre regionalen Grenzen hinaus bekannt geworden. Um die Mitte des 19. Jh. hatte der europäische Siegeszug der französischen Küche auch das Osmanische Reich überzogen. Heute geht jedoch ein starker Impuls in die Gegenrichtung: die türkische Küche wieder auf ihre Ursprünge zurückzuführen.

Wo man sich in Istanbul osmanische Küche schmecken lässt:

Sera Restaurant

→ Umschlagkarte hinten, c/d 6

Blick auf die Blaue Moschee, bekannt für sein »Dégustation menu« und die beachtliche Weinkarte.

Ahirkapi Sokak, Cankurtaran (im Hotel Armada; Tel. 2 12/6 38 90 10 ●●●

AmEx MASTER VISA

Rami → Umschlagkarte hinten, c 5

Altes osmanisches Haus mit Dachterrasse (reservieren!) und noch besserem Blick auf Blaue Moschee als im »Sera«. Innen tafelt man unter Bildern des impressionistischen türkischen Malers Rami Uluer (1913–1988).

Utangac Sokak 6, Cankurtaran; Tel. 2 12/6 38 53 21 ●●●

Darüzziyafe

→ Umschlagkarte hinten, b 4

In der Suppenküche der großartigen Suleymaniye-Moschee (kein Alkohol), traditionelle Speisen.

Sifahane Sokak 6, Süleymaniye; Tel. 2 12/5 11 84 14 ●● VISA

Einkaufen

Gold, Teppiche oder Antiquitäten – Handeln gehört zum Geschäft, Bescheid zu wissen zahlt sich aus.

Noch immer in Handarbeit gewebt und geknüpft, an zahllosen dörflichen Webstühlen: die türkischen Teppiche in ihrer Farbenpracht und märchenhaften Ornamentfülle.

Türkei – Basar – Orient: Das ist ein stimmiger, lockender Dreiklang. Jedenfalls dort, wo die internationalen Tourismusströme noch nicht den bunten Charme überrollt haben. Wer auf der Suche nach ursprünglichen Basaren ist, wo Läden und Handwerksbetriebe koexistieren, wo man Schmieden und Schuhmachern bei der Arbeit zusehen kann – der reist am besten nach Inner- oder Ostanatolien.

Basar ist ohnehin nicht gleich Basar. Kenner unterscheiden den »pazar«, der wöchentlich stattfindet, vom »çarsı«, der eine ständige Einrichtung ist – und als überdachter Basar »kapalı çarsı« heißt. »Bedesten« wird ein festes, oft fensterloses Gebäude genannt, in dem die wertvolleren Objekte feilgeboten werden.

Wo immer man mit einer Reisegesellschaft unterwegs ist, sollte man vor dem Kaufentschluss wissen, dass viele Reiseleiter bei Souvenirläden unter Vertrag stehen und Provision beziehen, die vom Verkäufer auf die Preise aufgeschlagen wird. Wer sich selbst als kritischen Käufer einschätzt, wählt seine Einkaufsadresse auf eigene Faust. Der Schlepper, die einem unbedingt das beste Schmuckgeschäft am Ort zeigen wollen, muss man sich ohnehin immer erwehren.

Grundsätzlich ist die Ausfuhr von Antiquitäten – das heißt von mehr als 100 Jahre alten Objekten – nicht ohne eine Ausfuhrerlaubnis der örtlichen Museumsverwaltung erlaubt. Wenn es sich um minder seltene Stücke handelt, bestehen durchaus Chancen. Allerdings erweist sich auch manche scheinbare Antiquität als Fälschung jüngsten Datums. Um Nachahmungen handelt es sich größtenteils bei den »antiken« Münzen, die einem im Umkreis der archäologischen Stätten angeboten werden.

Nach Nomadentradition ist Gold eine tragbare und viel getragene Wertanlage. Originelles Design kommt einem erst neuerdings vor Augen; noch immer überwiegt bei Ringen, Halsketten und Armreifen die uniforme Machart. Darum wird der Preis in der Regel auch nur nach Gewicht berechnet. 24 »ayarlı« (Karat) ist massives Gold, daneben gibt es noch 22, 20 und 18 ayarlı, Händlerorganisationen in touristischen Zentren garantieren den Goldgehalt.

Bei Teppichen und Kelims gilt: je dichter geknüpft oder gewebt, desto kostbarer (und auch haltbarer). Deshalb ist für den Preis des Teppichs die Zahl der Knoten ein Hauptfaktor. Von »sehr grob« bis zu »äußerst fein« wird klassifiziert, von etwa 500 bis über 5000 Knoten pro Quadratdezimeter. Normale Handelsware hat rund 1000 bis 1200 Knoten, der kostbare Seidenteppich oft noch deutlich mehr.

Frauen und oft auch Kinder tragen in den rund 2000 Teppichdörfern die Hauptlast der Arbeit, ihre Niedriglöhne ermöglichen Preise ab etwa 200 Euro aufwärts für einen Quadratmeter Orientteppich. Noch sind alle Versuche gescheitert, handgewebte Kelims und geknüpfte Teppiche durch Maschinenware zu ersetzen. Neben den Naturfasern drängen die Kunstfasern, neben den Naturfarben die Farben aus der Retorte vor.

Milliarden feiner Knoten

Aber ein Gegentrend in den Basaren (manche sprechen auch von einer »Naturfarben-Revolution«) setzt auf die authentischen Materialien und preist solche Teppiche mit Garantieurkunde an. Liebhaber der wunderbar dekorativen Teppich- und Kelim-Tradition können darüber nur froh sein.

Empfehlenswerte Geschäfte und Märkte finden Sie bei den einzelnen Orten im Kapitel »Unterwegs in der Türkei«.

Feste und Events

Der Fastenmonat Ramadan, moderner Film und der heilige Nikolaus – die Feste sind multikulturell.

Hoch geht's her bei den Ringer-Wettkämpfen. Die wichtigsten werden von den ölglänzenden »Pehlivanlar«, den Ringern, Ende Mai/Anfang Juni bei Edirne ausgetragen.

Im Monat des Ramadan muss der fromme Muslim fasten: von Sonnenaufgang bis Sonnenuntergang, 30 Tage lang. Das ist anstrengend, doch am Abend wird mit Lust geschlemmt, geraucht und getrunken. In den touristischen Orten der Küste bleiben aber die meisten Restaurants auch tagsüber offen, nur als Gast einer konservativen Familie merkt man den Unterschied. Und wird es am viertägigen Opferfest »Kurban Bayramı« umso mehr begrüßen, nicht an jeder Straßenecke das Blut geschlachteter Tiere sehen zu müssen. Die religiöse Bedeutung kommt aus der auch im Koran enthaltenen Erzählung über Abraham, der seinen Sohn Isaak opfern wollte, um Gottes Forderung zu erfüllen.

Alle religiösen Feste werden nach dem Mondkalender begangen, also mit jährlich wechselnden Daten wie im Christentum Ostern und Pfingsten. Das Zuckerfest »Şeker Bayramı« schließt den Ramadan ab: die Familien besuchen einander, und alle beschenken sich mit Süßigkeiten (11.–14. Okt. 2007). Unüberhörbar geräuschvoll feiern die Türken ihre nationalen Feiertage, mit bunten Paraden und kilometerlangen Festzügen, vor allem am Tag der Republik, dem 29. Okt. (1923 Gründungstag).

Ringen ist Nationalsport. Auf grünem Rasen oder auf Sand stellen sich die Wettkämpfer ölglänzend in knielanger Lederhose. Das wichtigste Festival findet auf einer Flussinsel bei Edirne statt.

Januar
Kamelringen in Selçuk, im einstigen Stadion von Efes.

Februar
Asure-Tag, zur Erinnerung an den Tag, an dem Noah nach der Sintflut die Arche verlassen konnte, und an Moses' Zug durch das Rote Meer.

März
Siegesfeier mit Paraden und Musik, in Erinnerung an die Abwehr der Alliierten an den Dardanellen 1915.

März/April
Internationales Filmfestival Istanbul.

Mai
Am 19. Mai wird der Tag der Jugend und des Sports mit Wettkämpfen, Umzügen und viel Musik gefeiert

Internationales Yacht-Festival Marmaris.

Mai/Juni
Bergama-Festival mit Folklore aus allen Teilen der Türkei.

Juni
Aspendos Opern- und Ballett-Festival im antiken Theater.

Juni/Juli
Internationale Kultur- und Kunstfestspiele Istanbul.

August
Troja-Festspiele in Çanakkale. Folklore, Theater, nach antikem Vorbild Schönheitswettbewerb.

August/September
Internationale Messe Izmir mit Kulturprogramm, türkische Sänger.

September
»Altın Portakal« in Antalya, Filmfestival »Goldene Orange«.

Oktober
Internationale »Gulet-Regatta« in Bodrum.

November
Internationaler Marmaris-Segelwettbewerb.

Dezember
Internationales St.-Nikolaus-Symposium in Demre/Kale.

Sport und Strände

Von Tauchen bis Bergsteigen – in der Türkei gibt es alles, was das Sportlerherz begehrt!

Mit vielerlei Wassersport, Tauchsport, Surfen lockt die Türkei – wie hier am berühmten Ölüdeniz (→ S. 61) bei Fethiye. Gleich nebenan: ein Zentrum der Gleitschirmflieger!

Yachten können mit oder ohne Mannschaft gechartert werden. Sichere Yachthäfen (Marinas) sind an der Küste von Istanbul bis Antalya eingerichtet worden, mit allen nötigen Versorgungsanlagen, mit Überwinterungsmöglichkeiten zu günstigen Konditionen und zum Teil mit luxuriösem Restaurant- und Shopping-Komfort. Gute Voraussetzungen für die eigene »Blaue Reise«.

Für den Aktivurlaub zu Lande und in der Luft (Paragliding!) ist das Angebot auch gut. Lokale Tourist Offices geben Auskunft über Bergwanderungen, Flussfahrten, Reiten und Tennis.

Fast neu ist noch der »Lycian Trail«, ein insgesamt rund 500 km langer Wanderpfad von Fethiye bis Antalya. Der Weg ist auch in Teilstrecken zu erwandern, am besten jedoch mit Führer.

Bergsteigen

Die Türkei ist ein Land der Gebirge. Eines der großartigsten ist der Taurus, der westlichste Zweig des Himalaja-Gürtels. Der Taurus ist Bergland von starker Ursprünglichkeit, mit imposanten Gipfeln und vielen bergsteigerischen Herausforderungen.

Ein sehr interessantes Wandergebiet ist die Al Daglar-Kette im Zentraltaurus, die sich über 3700 m hoch zwischen Nigde und Adana erstreckt. Die Kalksteinformationen sind durch Erosion verkarstet, mit unterirdischen Wasserläufen und bizarren Felsbildungen.

Günstige Monate fürs Gebirge sind Juni, Juli und August, wenn die Almwiesen am schönsten blühen.

Golf

In Belek, etwa 35 km östlich von Antalya, ist an einem über 10 km langen Strand eine gepflegte Urlaubszone mit über 30 Hotelanlagen und mehreren Golfclubs entstanden – das Golfzentrum der Türkei (www.nationalturkey.com).

Paragliding

Die Infrastruktur steckt noch in den Anfängen, an geeignetem Gelände fehlt es nicht. Eine Schule fanden wir in Fethiye.

Rafting/Kanusport

Auf dem Köprüçay, dem Manavgat, dem Dim Çay, dem Dragon (bei Anamur) und dem Göksu ist Wassersport möglich, mehrere Unternehmen bieten Rafting-Expeditionen an.

Der Drachen-Fluss (Dragon River, bei Anamur) entspringt unterirdisch beim Dorf Sugözü, mit mehreren Geysiren, die das Wasser zeitweise 100 m hoch schleudern. Die beste Strecke – für Rafting wie für Kanus – ist etwa 10 km lang, mit mehreren Stromschnellen, und beginnt in der Nähe von Çaltıbükü.

Der Göksu-Fluss entspringt im Zentraltaurus. Die empfohlene Strecke zwischen Derinçay nördlich von Mut und Degirmendere ist etwa 90 km lang.

Reiten

An mehreren Orten, z. B. in der Umgebung von Fethiye und Antalya, werden Pferde und auch Reitstunden angeboten. Reitsportanlagen in Istanbul und Izmir.

Segeln

Mit dem eigenen Boot benötigt man einen Transit-Log und kann bis zu fünf Jahren in türkischen Häfen überwintern – wegen der vergleichsweise geringen Gebühren eine viel genutzte Möglichkeit. Für die »Blaue Reise« – sie wird mit unterschiedlicher Dauer angeboten – kann man nicht nur das ganze Boot mit Mannschaft, sondern auch Kabinen chartern. Die Preise liegen um 50 Euro pro Tag und Person in der Komfort-Doppelkabine (mit Vollpension).

Skifahren

Bedingt schneesicher ist das Skigebiet Saklikent im Beydagları-Gebirge bei Antalya. Es gibt mehrere Abfahrtsmöglichkeiten in einer großartigen Landschaft. Auch am Uludagi bei Bursa und in den Bergen bei Erzurum.

Tauchen
Für das Tieftauchen mit Sauerstoffflaschen ist eine Genehmigung erforderlich, die man sich über das lokale Tourist Office besorgt. Zum Schutz der Reviere wird auch kontrolliert. Viele Tauchschulen, dort wird auch Ausrüstung ausgeliehen.

Trekking/Bergwandern
Seit Jahrhunderten ziehen die Bewohner der Südküste im Sommer in die kühleren Bergregionen hinauf, zu den Yaylas (Hochalmen). Vielerorts bringt auch heute jeder mit, was er braucht, es gibt erst wenige Läden und Unterkünfte mit Elektrizität – wie z. B. auf den Yaylas von Mersin/Içel und von Adana.

Strände
Die einsame Bucht wird seltener, wer sie gefunden hat, erzählt es nicht weiter. Größere Badeorte haben Wassersportzentren, stellen auch Badewärter, und unvermeidlich sind die Strandhändler mit Getränken, Souvenirs oder »garantiert echtem« Goldschmuck

Halb- und ganztägige Bootsexkursionen sind Standardprogramm. Die Preise liegen zwischen 5 und 25 Euro, je nach Größe des Bootes, Zahl der Passagiere, Länge der Fahrstrecke und kulinarischem Angebot. Wer mit Freunden eine Yacht chartert, hat unbegrenzt Badebuchten-Auswahl. Und dies sind einige der besten Strände:

Westküste

Ayvalık
An der Alibey-Insel und beim benachbarten Altinova.

Bodrum
Mehrere Strände der Halbinsel.

Çeşme
Unter Naturschutz: der Altinkum-Strand südlich vom Ort Çeşme.

Gelibolu
An der Ägäisküste der Halbinsel.

Kalamaki
Im Dilek-Nationalpark bei Kuşadası.

Ören
Im Golf von Edremit und Umgebung.

Südküste

Alanya
Westlich und östlich des Orts. Besonders schön: der Strand bei Incekum.

Anamur
Beiderseits der Mündung des kleinen Drachen-Flusses.

Antalya
Konyaaltı-Strand (stadtnah), Lara-Strand 9 km östlich (schöner).

Golf von Kekova
Schönes Baden an den Stränden der Insel Kekova.

Ölüdeniz
Die weltweit berühmte Bucht bei Fethiye.

Patara
Der große Dünen-Strand westlich von Kalkan ist Schutzgebiet, ein Paradies für Naturfreunde.

Sarıgerme
Neu erschlossenes Bade-Areal. Weitere Strände bei Ekincik und Dalyan am Köycegiz-See.

Side
Viele breite und meist feinsandige Strände.

Yumurtalık
Lange, unerschlossene Strände östlich und westlich des kleinen Badeorts am Golf von Iskenderun.

MERIAN Quiz

Lange Amtszeit, langer Schlaf

Man könnte meinen, der erste und der sechste Kanzler der Bundesrepublik hätten lange regiert (14 bzw. 16 Jahre). In Anbetracht der Amtszeit des Gesuchten ist das eher wenig. Er blieb 35 Jahre an der Spitze, was damals der mittleren Lebenserwartung eines Mannes entsprach. Ein robuster Kerl, aber im Alter von 68 ging er beim Baden baden.

In seiner Ära hatte er, typisch deutsch, einigen Ärger mit dem Papst, mitunter waren es zwei zugleich. Auch mit einem Sachsen, der sich, hungrig wie ein Löwe, Bayern einverleibte (und nebenbei München gründete), gab es Streit. Das Reich war schon eine vertrackte Sache. Er nannte es heilig.

Außer Reichweite lag der Fluss Saleph (der heute anders heißt). Ein deutsches Schicksalsgewässer. Ging in ihm doch, salopp gesagt, der Gesuchte über den Jordan. Ein großer Häuptling, zweifellos. Und man hätte sein schwäbisches Herz in der Biegung des Flusses begraben können. Immerhin: Nicht ohne Stil wurde es unweit, im Geburtsort des Apostels Paulus, beigesetzt.

Unterwegs war er, ins Gelobte Land. Dort hatte der alte Haudegen einen Duelltermin mit einem gewissen Saladin. (Das ist übrigens eine verklärte Gestalt in Lessings »Nathan der Weise«.) Zu einer verklärten Gestalt wurde auch der Gesuchte. Denn, beim Barte des Monarchen: Manche glauben noch heute, er ruhe nur in einer verschlafenen Ecke im Thüringischen. Wenn dem so wäre, dann wäre er der größte Langschläfer aller Zeiten.

Felix Woerther

Um wen, was oder welchen Ort geht es hier?

Wenn Sie die Lösung wissen, besuchen Sie uns doch im Internet unter **www.merian.de/quiz.** Unter den richtigen Einsendern verlosen wir Monat für Monat attraktive Preise. Viel Glück!

Familientipps – Hits für Kids

Lange Strände, fantastische Landschaften – Kinder haben in der Türkei ihren Spaß.

Wenn Eltern ihre Kinder aus den Hotels hinaus ins türkische Leben führen, zu den Fischern, in Dörfer, auf Basare, finden sie so vieles ganz anders als zu Hause.

Lange Busfahrten mit kleinen Kindern sind für alle Beteiligten eine Last. Die Flughäfen Izmir, Bodrum, Dalaman und Antalya liegen da günstig, weil es in der Nachbarschaft nicht an langen, kinderfreundlichen Stränden fehlt.

Bis zum Alter von zwei, teils auch von sechs Jahren werden Kinder oft gratis aufgenommen, bis zu zwölf oder mancherorts bis zu 16 Jahren mit Ermäßigungen von 40 bis 50 Prozent. Mehr und mehr kann man auch Apartments für Selbstversorger buchen. Lassen Sie sich im örtlichen Tourist Office beraten!

Generell sind Häuser an Stränden außerhalb der Hauptorte preisgünstiger. Die Unterkunft im Ortszentrum sollte man mit Kindern nur buchen, wenn der Strand hoteleigen oder dicht beim Hotel ist – oder wenn man einen eigenen oder einen Mietwagen zur Verfügung hat.

Will man sparsamer und also ein Stück außerhalb wohnen und trotzdem nicht auf den abendlichen Altstadtbummel und andere städtische Attraktionen verzichten, macht man am besten mit anderen Eltern gemeinsame Sache und wechselt sich zum abendlichen Ausgang ebenso wie bei Exkursionen ab – jedes Paar kann mal einen Tag »freinehmen«.

Mit größeren Kindern und Teenagern wächst die Auswahl der gemeinsamen Urlaubserlebnisse allemal. Bootsausflüge mit Picknick werden an praktisch allen Badeorten angeboten und sind fast immer ein Spaß. Ob archäologische Stätten für die ganze Familie interessant sind, ist dagegen gar nicht so sicher, da sind die Eltern zumindest gefordert, Stein und Marmor mit spannenden Geschichten lebendig zu machen. An manchen Plätzen stehen die Reste der Antike oder des Mittelalters aber in so abenteuerlicher Landschaft, dass es schade wäre, die Kinder nicht mitzunehmen – denn es gibt viel zu entdecken. Zwei der attraktivsten Beispiele für solche Kombinationen von Archäologie und Landschaft sind die **Bergwildnis von Termessos** bei Antalya und die **Burg Anamur**, zwei Autostunden östlich von Alanya.

Wie es in einer Moschee aussieht, interessiert größere Kinder, wenn sie noch nie in eine eingetreten sind. Ein Schuhschrank, aber kein Gestühl? Und Leute, die auf dem Boden sitzen und im Koran lesen – das ist ganz anders als in der christlichen Kirche. Zu erklären gibt`s genug: vom Reinigungsbrunnen bis zum Mihrab (die Nische zeigt die Gebetsrichtung nach Mekka) und bis zum Minbar, dem Predigtstuhl, oft mit Stufen.

Für sportliche Aktivitäten mit Kindern empfehlen sich vor allem die großen **Ferienanlagen** und Feriendörfer (türkisch: »tatil köyü«), die oft auch »Junior Clubs« und »Mini Clubs« eingerichtet haben und in Einzelfällen die Aufsicht auch über kleinere Kinder übernehmen.

Ein Extraspaß für Kinder und die ganze Familie sind die Wasserparks, die mit tollen »Kamikaze«-Rutschen, künstlichen Wasserfällen und anderen Attraktionen an immer mehr Orten locken.

Noch schönere Erlebnisse, weil mitten in der Natur, versprechen die **Rafting-Flöße** auf dem Köprülü Çay oder dem Dim Çay bei Alanya oder eine Kanufahrt auf dem Esen-Fluss, der am Strand von Patara mündet. Wenn das Boot kentert, ist das nicht schlimm – denn das Wasser ist nicht tief und nicht kalt, und jeder trägt eine Schwimmweste.

Und in der Stadt? Es muss ja nicht der Disneypark sein, aber das Industriemuseum in Istanbul (Hasköy Cad. 27, Hasköy/Istanbul) lässt die Kinder mit Knopfdruck Motore und Eisenbahnen in Gang setzen. Und das Museum der Unterwasser-Archäologie kann das größte Erlebnis überhaupt werden.

Unterwegs in der Türkei

An der Lykischen Küste gelegen, eingebettet in eine wild bewachsene Felslandschaft, lädt der Strand Büyük Çaltıcak zum Träumen ein. Das Fischerstädtchen Kaş (→ S. 65), das bis an die Küste reicht, hat sich seine urtümliche Atmosphäre bewahrt.

Traumhafte Strände und karge Gebirgslandschaften, antike Städte und bunte Basare – die Türkei ist ein abwechslungsreiches Land, das für jeden Geschmack etwas zu bieten hat.

Istanbul, Bursa und Edirne

Ob in der Metropole oder in den osmanischen Sultansstädten – es gibt überall viel zu entdecken!

Lange Zeit die größte Kirche der Christenheit, nach der Eroberung Istanbuls von den Osmanen zur Moschee umgewandelt, von Atatürk zum Museum bestimmt: die berühmte Ayasofya (Hagia Sophia; → S. 32).

Istanbul

→ S. 110, C 1

15 Mio. Einwohner
Stadtplan → Umschlagkarte hinten

Die größte Stadt Europas ist Istanbul und eine der faszinierendsten dazu. Der Bosporus fließt durch die Stadt und separiert dabei Kleinasien von Europa. Aber Istanbuls Sache ist das Trennen nicht: Die Stadt verbindet lieber Widersprüche. Einige der wichtigsten historischen Monumente der Welt stehen hier – aber man kann auch hierhin reisen, weil so aufregende Musik gespielt wird oder wegen der Kunstszene. Wer glaubt, eine europäische Metropole könne nicht islamisch sein, wird hier eines Besseren belehrt.

Istanbul gibt sich nicht mit Kleinigkeiten zufrieden. Die Stadt war als **Byzanz** eine griechische Gründung schon um 660 v. Chr. Kaiser Konstantin der Große machte sie im Jahr 324 n. Chr. zur neuen Hauptstadt, als zweites »Neues Rom«. So herrschten hier römische und byzantinische Kaiser, und das berühmteste Gebäude der Stadt, die **Hagia Sophia** aus dem 6. Jh., markiert den allmählichen Übergang vom lateinischen und heidnischen Römischen zum christlich-orthodoxen und griechischsprachigen Byzantinischen Reich.

1453 eroberten die Osmanen Istanbul und errichteten ihr eigenes drittes Rom: Hauptstadt eines Großreichs am Mittelmeer mit islamischer Ideologie, aber gemischter Bevölkerung. Wie sehr die Türken mit Europa verbunden waren, zeigte sich in der parallelen Entwicklung am Ende des Ersten Weltkrieges, als das osmanische Imperium gleichzeitig mit den europäischen Kaiserreichen zusammenbrach. Im Zuge dieser Entwicklung wurde Istanbul Provinzhauptstadt des türkischen Nationalstaates, aber es blieb die kulturelle Metropole des Landes.

In den letzten 60 Jahren explodierte die Bevölkerungszahl der Stadt: Aus einer guten halben Million wurden an die fünfzehn. Wer nach Istanbul kam, waren meist arme Bauern aus Anatolien. Trotzdem ist die Stadt kosmopolitischer und urbaner denn je. Ihre Widersprüche und ihre Gastfreundschaft sind in jedem Fall eine Reise wert.

Hotels / Andere Unterkünfte

Die Hotelszene ist, wie alles in dieser Stadt, immer in Bewegung. Große Hotels der Luxusklasse stehen meist in den Stadtteilen um die Kulturmeile Beyoğlu herum und am Bosporus, kleine Häuser im osmanischen Stil in Sultanahmet, einfache Mittelklasse in Lâleli und Aksaray, aber auch in Topçular, das sich an den Taksim-Platz anschließt. Daneben und dazwischen findet man all die Überraschungen, wie sie eine Metropole bietet: das stille Hotel Kariye an der Chora-Kirche, das hübsche Inselschlösschen Halki Palas auf der Prinzeninsel Heybeli oder das Villa Zürich mit seiner fulminanten Dachterrasse im Künstler- und Intellektuellenquartier Cihangir.

Hyatt Regency Hotel

→ Umschlagkarte hinten, nördl. d 1

Postmodernes Luxushotel nördlich des Taksim-Platzes. Erlebnis für den Touristen, Komfort für den Geschäftsreisenden und Sportmöglichkeiten für alle.

Taşkışla Cad., Taksim;
Tel. 2 12/2 25 70 00, Fax 2 25 70 07;
www.istanbul.regency.hyatt.com;
360 Zimmer ●●●● CREDIT ♿

Armada

→ Umschlagkarte hinten, c 5

Nostalgiehotel gleich hinter der Seemauer in einem alten renovierten Stadtpalast. Die Einrichtung ist zum Teil im osmanischen Stil gehalten.

Ahırkapı Sok., Ahırkapı;
Tel. 2 12/6 38 13 70, Fax 5 18 50 60;
www.armandahotel.com.tr; 110 Zimmer
●●● AmEx MASTER VISA ♿

Dersaadet

→ Umschlagkarte hinten, c 6

Boutiquehotel in unmittelbarer Nähe der Küçük Ayasofya Camii, das versucht, etwas von dem Wohngefühl eines osmanischen Stadthauses zu vermitteln. Wie die meisten Zimmer bietet die Dachterrasse einen Blick über das Marmarameer.

Küçükayasofya Cad. Kapıağası Sok No: 5, Sultanahmet 34400; Bahnstation Cankurtaran, Tramhaltestelle Sultanahmet; Tel. 2 12/4 58 07 60, Fax 5 18 49 18; www.hoteldersaadet.com; 17 Zimmer ●●● CREDIT

Sehenswertes

Ayasofya (Hagia Sophia)

→ Umschlagkarte hinten, c 5

Das berühmteste Gebäude der Stadt. Erbaut nach 532 unter dem byzantinischen Kaiser Justinian, war das Gebäude unter seiner etwa 32 m weiten, leicht ovalen Hauptkuppel Patriarchatskirche, dann von 1453 bis 1935 Hauptmoschee der Stadt. Freigelegte **byzantinische Mosaiken** (sechsflügelige Engel, die Kaiser Konstantin und Justinian huldigen mit Bauten Jesus – im Exonarthex –, Muttergottes mit Kind in der Apsis, Christus zwischen Maria und Johannes dem Täufer – Südgalerie- und Kaiserportraits) befinden sich gleich neben monumentalen osmanischen Kalligraphien.

Sultanahmet Meydanı; tgl. außer Mo 9.30–16.10 Uhr; Eintritt 10 €

Chora-Kirche (Kariye Camii)

→ Umschlagkarte hinten, westl. a 2

Spätbyzantinisches Kloster, gestiftet vom Politiker und Gelehrten Theodoros Metochtites zwischen 1316 und 1321. Die Klosterkirche ist eine Basilika, deren Hauptraum mit Marmorschnitten geschmückt ist. Hauptattraktion sind aber die Mosaiken in den Vorhallen, die das Leben Mariä und Jesu abbilden; daneben zahlreiche Heiligenbildnisse. Ebenso beeindruckend sind die Fresken in der Grabkapelle, die das Thema von Tod und Erlösung aufnehmen, das auch im Hauptraum bestimmend ist.

Kariye Camii Sok., Edirnekapı; tgl. außer Di 9.30–16.30; Eintritt 6 €

Süleymaniye

→ Umschlagkarte hinten, b 4

Im Auftrag Süleymans des Prächtigen vom Hofarchitekten Sinan 1550 bis 1557 errichtete monumentale Moschee mit umfangreichen Nebenbauten (vier theologische Hochschulen, Schule für die Überlieferungen des Propheten, Medizinschule mit Krankenhaus und psychiatrischer Anstalt, Karawanserai, öffentliche Küche, Schule, öffentliches Bad, Läden, Friedhof mit Mausoleen Süleymans und seiner Frau Hürrem). Kern eines Stadtviertels und Symbol für den »Salomo – Süleyman seiner Zeit« sind hier heute die weltweit wichtigste Sammlung islamischer Handschriften, ein osmanisches Restaurant und ein Studentenheim untergebracht.

Topkapı Palast (Topkapı Sarayı)

→ Umschlagkarte hinten, d 4/5

1469 als »Neuer Palast« von Mehmed dem Eroberer begonnen, diente der Topkapı-Palast bis 1856 als Hauptsitz der osmanischen Dynastie und ihrer Verwaltung. Der erste von drei Höfen war (und ist) der Öffentlichkeit frei zugänglich. Historisch diente er dem Militär, etwa die Irenenkirche (Ayairini) aus dem 6. Jh. als Arsenal, im späten 19. Jh. als archäologisches Museum. Der zweite Hof war unter dem charakteristischen **Turm der Gerechtigkeit** Sitz des großherrlichen Diwans, der nicht nur politische Entscheidungen vorbereitete, sondern auch als Berufungsgericht fungierte. Bemerkenswert weiter die Sammlung chinesischen und osmanischen Porzellans im Küchentrakt, der seinerzeit an die 5000 Palastbewohner versorgen musste.

Der dritte Hof war dem Sultan vorbehalten; die Audienzhalle gleich hinter dem Eingangstor bildete eine

Der weitläufige Topkapı-Palast ist in mehrere Höfe gegliedert. Der Torbau des Bab üs-Selâm führt in den zweiten Hof.

Art Schnittstelle. Hier finden sich eine Bibliothek des 18. Jh., der Staatsschatz und die Pagenschule mit ständigen Ausstellungen der Museumssammlungen sowie die Reliquienkammer, in der unter anderem Mantel, Banner und einige Barthaare des Propheten Muhammad aufbewahrt werden. Von hier aus gelangt man in den Harem, den Privatgemächern des Sultans und seiner Familie, sowie in den hinteren Teil des Palastes mit einigen besonders schönen Pavillons (Revan Köşkü und Bağdad Köşkü, 17. Jh.). Größere Teile des Palastgeländes dienen heute als der öffentlich zugängliche Gülhane-Park, als Archäologisches Museum oder als – für Unbefugte unzugängliches – Bahn- und Militärgelände.

Sarayiçi, Sultanahmet; tgl. außer Di 9.30–17 Uhr; Eintritt 10 €, Harem und Schatzkammer jeweils 6 € extra

Museen

Archäologisches Museum (Arkeoloji Müzesi)

⇢ Umschlagkarte hinten, c 4

Großartige Sammlung klassischer und orientalischer Archäologie, dazu in einem der ältesten Palastgebäude, dem Çinili Köşk, eine Sammlung seldschukischer (Beyşehir) und osmanischer (İznik) Keramik.

Gülhane Parkı, Sarayiçi; Di–So 9.30–16.30 Uhr; Altorientalische Sammlung nur Mi, Fr und So, das Çinili Köşk nur Di, Do und Sa; Eintritt 3 €

Hippodrom (At Meydanı)

⇢ Umschlagkarte hinten, c 5

Immer noch bewahrt der Platz die Form der antiken Pferderennbahn; immer noch stehen hier der gemauerte **Obelisk** (4. Jh.), der aus Ägypten hierhergebrachte Obelisk Tutmosis' III. (16. Jh. v. Chr.) und der Rest der bronzenen **Schlangensäule** aus Delphi. Umstanden wird der Platz unter anderem vom Palast Ibrahim Paschas (Museum für türkische und islamische Kunst), der Moschee Sultanahmet, die wegen ihres Kachelschmucks innen oft die »Blaue Moschee« genannt wird, und zwei Gebäuden im pittoresken Ersten Nationalstil vom Anfang des 20. Jh. Auf dem Platz ein Brunnen, den Wilhelm II. Sultan Abdülhamid II. geschenkt hat – in Deutschland hergestellt und 1901 hier montiert.

Istanbul Modern

⇢ Umschlagkarte hinten, d 2

Das Istanbuler Museum für moderne Kunst bietet eine Dauerausstellung zur türkischen Kunst des 20. Jh. und international renommierte Wechselausstellungen. Von der Kafeteria aus hat man einen wunderbaren Blick über das Meer auf den Topkapı-Palast.

Meclis-i Mebusan Cad. Liman Işletmeleri Sahası Antrepo No:4 Karaköy; www.istanbulmodern.org; tgl. außer Mo 10–18, Do 10–20 Uhr; Eintritt 3,50 €

Sakıp Sabancı Müzesi

⇢ Umschlagkarte hinten, nordöstl. f 1

Sammlung des 2004 verstorbenen Industriellen Sakıp Sabancı (islamische und moderne Kunst), schnell berühmt durch seine interessanten Wechselausstellungen (2005 Picasso, 2006 Rodin).

Sakıp Sabancı Cad. 22, Emirgân; www.muze.sabanciuniv.edu; tgl. außer Mo 10–18 Uhr; Eintritt 1,50 €

Museum für türkische und islamische Kunst (Türk ve Islâm Eserleri Müzesi)

⇢ Umschlagkarte hinten, c 5

Im Palast des Großwesirs Ibrahim Pascha (erbaut 1524) untergebrachte Sammlung islamischer Kunstwerke und ethnologischer Ausstellungsstücke, die die materielle Kultur des Osmanischen Reiches vorstellen. Die Sammlung islamischer Kunst (Teppiche, Keramik, Kalligraphie, Metallkunst) gehört mit zu den ersten der Welt.

Atmeydanı, Sultanahmet; tgl. außer Mo 10–17 Uhr; Eintritt 3 €

Essen und Trinken

Baba Giritli

⇢ Umschlagkarte hinten, b 3

Bis 1911 lebten zahlreiche Türken auf Kreta; dieses Restaurant pflegt ihre Küche. Direkt neben der alten Zigarettenfabrik (heute Universität) gelegen, bietet dieses Restaurant einen atemberaubenden Blick über das Goldene Horn.

Abdülezel Paşa Cad. 3, Cibali; Tel. 2 12/5 33 18 66, 53 30 18 77; tgl. 13–24 Uhr ●●● MASTER VISA

Asmalı

⇢ Umschlagkarte hinten, c 2

Das gemütliche Lokal bewahrt sich in seinem Obergeschoss Wohnzimmeratmosphäre; wer unten an den Tischen neben der Bar sitzt, nimmt schon fast am Straßenleben teil. Der gepflegten Getränkekarte entspricht eine besonders reichhaltige Auswahl an Mezeler mit vielen Gerichten der jeweiligen Saison. Bei den warmen Gerichten sind die speziellen »köfte« (Fleischbällchen) besonders zu empfehlen.

Asmalımescit Sok. 42, Beyoğlu; Tel. 2 12/ 2 92 49 50; tgl. 12–2 Uhr ●● CREDIT

MERIAN-Tipp

1 Babylon

Das 1999 gegründete Babylon wurde schon unter die 100 besten Jazzbühnen gewählt, aber seine Karriere geht weiter: auch Tanz, Avantgardemusik, Performances stehen auf dem Programm. Bis zu 500 Zuschauer und Zuhörer passen in das Babylon und erleben Istanbul als Weltstadt und Treffpunkt großartiger Musiker – wie John Lurie, Mercan Dede, Max Poetic, Patricia Barber oder Stereolab.

Sehbender Sok. 3, Asmalimescit; Tramhaltestelle Tünel; www.babylon-ist.com; Tel. 2 12/2 92 73 68; tgl. 21–2 Uhr

⇢ Umschlagkarte hinten, c 2

Hacı Abdullah

⇢ Umschlagkarte hinten, c 1

Ständig wechselnde Speisekarte, Gerichte der türkischen bürgerlichen Küche, Spezialitäten des Hauses (verschiedene Kompotte und Salzgemüse): eine Familiengaststätte (ohne Alkohol).

Sakızağacı Cad. 19, Beyoğlu; Tel. 2 12/ 2 93 85 61; tgl. 11.30–22 Uhr ●● CREDIT

Service/Auskunft

In Istanbul

⇢ Umschlagkarte hinten, nördl. c 1

Atmeydanı Sokak No. 31, Sultanahmet; Tel. 2 12/5 18 18 03-04, 4 58 00 24, Fax 2 12/5 18 12 79, 2 58 77 23

Umfassende Informationen und 10 Seiten Kartenatlas bietet der MERIAN *live!* »Istanbul« von Christoph K. Neumann und Michael Neumann-Adrian, ISBN 978-3-8342-0087-7.

Bursa

→ S. 110, C 2

1,3 Mio. Einwohner

Neben Istanbul, Antalya und Trabzon gibt es kaum eine andere türkische Großstadt, in der Urlaubstage so angenehm zu erleben sind wie in Bursa. An den Hängen des Gebirgsmassivs **Ulu Dagi** liegt die alte Stadt wie auf breiten Balkonen über der fruchtbaren Ebene südlich des Marmarameers. In den Hochlagen des Gebirges treffen sich bis in den April die Skisportler. Am Fuß des Gebirges breitet sich viel Gewerbe aus, vor allem Automobil- und Textilindustrie – und in den mittleren Höhenlagen wächst Bursa um sein historisches Erbe aus dem 14. Jh., als es die erste Hauptstadt der Osmanen war. Betriebsame Basare und Ladenviertel, stille Moscheen, Mausoleen, Museen und Parks werden von den Wohnquartieren der Wohlhabenden umrahmt. Thermalquellen und zahlreiche Bäder (auch in Hotels), darunter das seit dem Mittelalter existierende Hamam Eski Kaplica, steigern Bursas Lebensqualität noch zusätzlich – sowie das auch im Sommer nicht überheiße Klima rund 1000 m über dem Meeresspiegel.

Hotels/Essen und Trinken

Kervansaray Thermal Hotel

Mit mehreren Restaurants, auch Dachrestaurant, Sauna und Thermalbad, Swimmingpool, Kinderspielplatz, freier Internet-Zugang

Cekirge Meydanı; Tel. 2 24/2 33 93 00, Fax 2 33 93 24; www.kervansarayhotels.com; 211 Zimmer ●●● CREDIT ♿

Safran Otel-Restaurant

Rekonstruiertes osmanisches Haus, freundlich, Restaurant an der nächsten Tür.

Kale Sokak, Tophane; Tel. 2 24/2 24 72 16, 2 24 72 19; www.nisanyan.net; 10 Zimmer ●●

AmEx MASTER VISA

Sehenswertes

Basar

Labyrinthisch und einer der größten Anatoliens, weniger touristisch vereinnahmt als der Große Basar in Istanbul. Der Bedesten wurde im 14. Jh. erbaut, hier werden Gold und Juwelen

Das fliesengeschmückte Mausoleum des Sultan Mehmed I. in der Grünen Moschee Yesil Camii (→ S. 36) in Bursa ist einen Besuch wert.

Die Selimiye-Moschee in Edirne, das 1443 bis 1447 erbaute Meisterwerk des osmanischen Architekten Sinan, gilt vielen als die schönste Moschee der gesamten Türkei.

angeboten, anderswo findet man ebenso Seide wie alltäglichen Bedarf.

Muradiye Camii

Ein friedliches Areal oberhalb des Stadtzentrums mit der Moschee Sultan Murats II., Vater des Konstantinopel-Eroberers Mehmet Fatih, von 1426. Grabbauten und teils überwachsene Gräber unter alten Bäumen.
Südlich vom Kulturpark

Murat I. Camii

Ein Altstadtviertel im oberen Bereich des Stadtteils Cekirge, mit beschaulichem Park, schönen Ausblicken und der italienisch anmutenden Moschee Sultan Murats I. (erbaut 1365–1385).

Ulu Cami

Erbaut im späten 14. Jh., mit 16 Kuppeln, das ehemals offene Dach ist jetzt verglast, großer Brunnen.
Im Stadtzentrum

Yesil Camii und Yesil Türbe

Erbaut von Sultan Mehmed I. Celebi, auf einer Terrasse über der Bursa-Ebene, schöner Marmordekor um das Portal. Im Park der Moschee steht die Türbe des Sultans und seiner Familie mit den grün überdeckten Sarkophagen. Hervorragende Kalligraphien.
Östlich vom Stadtzentrum im Stadtteil Yesil

Museen

Archäologisches Museum

Funde vom 3. Jahrtausend v. Chr. bis zur byzantinischen Ära, gut präsentiert. Großartige römische Skulpturen.
Im Kulturpark; Di–So 8–12 und 13–17 Uhr

Museum türkischer und islamischer Kunst

Wunderchöne Iznik- und Kütahiya-Kacheln, kostbare Koran-Exemplare, Rekonstruktion einer osmanischen Badestube.
In der Medrese der Yesil Camii, Yesil Caddesi; 8.30–17 Uhr, mit Mittagspause

Service/Auskunft

Tourist Information

Gegenüber dem Koza Han (Restaurants und Läden), an der Atatürk Caddesi in der Unterführung Orhan Gazi; Tel. 2 24/2 20 18 48

Edirne

⟶ S. 110, A 1

115 000 Einwohner

Wenn man einmal auf Meer und Gebirge verzichten kann, ist Edirne eine der lohnendsten Städte der Türkei. Keine Kleinstadt, sondern eine kleine Großstadt, überaus reich an Bauwerken noch aus osmanischer Zeit, darunter herrlichen alten Holzhäusern mit Innenhof und weit vorspringendem Obergeschoss. Die interessantesten, schönsten Moscheen, der Bazar und andere Attraktionen konzentrieren sich im Zentrum und sind zu Fuß erreichbar, ebenso auch nordöstlich durch den Dilaver Bey Park eine der großartigsten Sultanmoscheen der Türkei, die berühmte **Selimiye**, erbaut vom Meister Sinan (wie auch zwei hiesige Basare, der Bedesten und der Ali Pasa Carsisi).

Etliche freundliche Teegärten konkurrieren, und zum Spaziergang laden auch die Ufer von **Tunca** und **Meric**, der beiden Flüsse, die südlich von Edirne zusammenströmen. Auf einer Flussinsel findet alljährlich das Kirkpinar-Festival der Pehlivanlar, der türkischen Ringer, statt.

Edirne ist heute Grenzstadt zu Bulgarien. Stadtrecht erhielt es vom Kaiser Hadrian 123 n. Chr., daher der alte Name Hadrianopel oder Adrianopel. Seinen kulturellen und architektonischen Glanz verdankt es seiner Rolle als zweiter osmanischer Hauptstadt, von 1365 bis 1453 – also bevor Mehmed II. Fatih Byzanz eroberte.

Hotels / Andere Unterkünfte

Hotel Rüstempaşa Kervansaray

Zentral, noch fast authentische Karawanserei-Architektur, um 1550 für den Großwesir Rüstempasa erbaut. Zimmer teils klein, Treppe schmal. Große Halle mit Café, Billard, Internet, am Innenhof.

Iki kapili Han Cad.57;
Tel. 2 84/2 25 21 95, Fax 2 14 85 22;
www.kervansarayhotel.net; 75 Zimmer
●●● MASTER VISA

Sehenswertes

Beyazit Külliyesi

Eine große Kuppelmoschee im Norden der Stadt, der Selimiye ähnlich, unverbaut und so schon aus der Ferne zu bewundern. Der Komplex der Külliye-Nutzbauten wird heute für das »Museum der Gesundheit« und für das »Museum zeitgenössischer Kunst« genutzt (9–18 Uhr).

Kaleici

Der mittelalterliche Stadtbezirk zwischen Hürriyet Meydanı (=Freiheitsplatz) und Tunca-Fluss: man trifft auf pittoreske Holzhäuser, am Südende der Maarif Caddesi auf die Ruine der Großen Synagoge.

Selimiye-Moschee

Sinan war Hofarchitekt unter drei Sultanen: Süleyman I., Selim II. und Murad III. Erst 49-jährig kam der Janitscharenoffizier zu diesem Amt, doch er lebte, heißt es, 98 Jahre und schuf Hunderte von Bauwerken, Moscheen, Karawansereien, Brücken, Bäder etc. Als sein Meisterwerk bezeichnete er selbst die Selimiye (1569–1575). Monumentalität und harmonische Leichtigkeit verbinden sich im Innern wie im Außenbild, das vier schlanke Minarette über den monolithischen Kuppelbau aufstrebend zeigt. Im benachbarten Medresen-Gebäude das Museum für türkische und islamische Kunst.

Essen und Trinken

Villa Restaurant

Ufernah, hinter dem Südende der Meric-Brücke. Fischgerichte haben ihren Preis, aber die Karte bietet auch anderes Schmackhaftes.

Karaağaç Yolu Üzeri Edirne;
Tel. 2 84/2 25 40 77 ●●●

Service/Auskunft

Tourist Information

Talat Paşa Caddesi, nahe beim Basar, westlich vom Hauptplatz;
Tel. 2 84/2 13 92 08

Die Westküste

Von den Dardanellen bis Ephesos und Milet – hierher zieht es nicht nur die Archäologie-Fans.

Die Burg auf der Taubeninsel bei Kuşadası (→ S. 50) ist nicht mittelalterlich, sie wurde 1834 als Polizeistation im Auftrag der osmanischen Regierung erbaut.

Die Küste der Ägäis beglückt mit vielen Stränden, zahllosen Inseln und Inselchen, mit wunderschönen Olivenhainen und beeindruckenden alten Tempelstätten. Zu erleben sind einige der berühmtesten Stätten der Antike: von Homers sagenumwobenem Troja bis nach Ephesos, wo zu biblischen Zeiten der Apostel Paulus predigte.

Çanakkale

S. 110, A 2

76 000 Einwohner

Seinen Heldenruhm bezieht das moderne Çanakkale nicht von Homer, sondern von der Dardanellenschlacht des Ersten Weltkrieges und von Mustafa Kemal. Der damals 34-Jährige qualifizierte sich bei der Verteidigung der Meerenge gegen alliierte Durchstoßversuche für seine künftige Rolle als Befreier und Erneuerer der Türkei – als Atatürk ging er in die Geschichte ein. Heute treffen sich noch immer altersgraue Veteranen zum Anzac-Tag.

Çanakkale ist mit den gegenüberliegenden Orten **Eceabat** und **Kilitbahir** günstigster Fährort für die Überfahrt von Thrakien zu den klassischen Stätten der ägäischen Westküste. Wer in Çanakkale startet, erlebt in diesem Städtchen eine pittoreske Hafenpromenade, eine stattliche osmanische Burg und ein überregional angesehenes archäologisches Museum. Auch ein Besuch des Marinemuseums in der Burg ist durchaus empfehlenswert.

Schöne, unzerstörte Landschaft bieten die Halbinseln **Gelibolu** (nördlich der Dardanellen mit Geschichts- und Nationalpark) und **Biga**, südlich von Troja/Truva. Als Geheimtipp gilt die Insel **Gökçeada**. Aber selbst im Badeort **Güzelyalı**, einem südwestlichen Vorort von Çanakkale (10 km), ist außerhalb der Hochsaison nicht sehr viel von touristischer Hektik zu spüren.

Hotels/Andere Unterkünfte

Büyük Truva Hotel

Solides Haus mit großem Restaurant, auch Zimmer mit Meerblick, zentrumsnah.

Mehmet Akif Ersoy Cad., Çanakkale; Tel. 2 86/2 17 10 24, Fax 2 17 09 03; www.truvaotel.com; 66 Zimmer ●● CREDIT

Tusan Hotel

Sehr schöne Terrassenanlage am Wald direkt über dem Sandstrand.

Güzelyalı, Çanakkale; Tel. 2 86/2 32 82 10 und 2 32 87 46, Fax 2 32 82 26; www.tusanhotel.com; 64 Zimmer ●● MASTER VISA

Museen

Archäologisches Museum

Hauptattraktion sind die Grabbeigaben aus dem »Dardanos-Tumulus«, 10 km südwestlich von Çanakkale: u. a. filigraner Goldschmuck, Alabastergefäße und eine Aphrodite-Statue aus dem 4. Jh. v. Chr. Auch alle Funde aus Troja kommen in dieses Museum.

Atatürk Cad. (Straße nach Truva, 1,5 km vom Zentrum); Di–So 8.30–17.30 Uhr

Çimenlik-Burg

Der mächtige, von meterdicken Mauern geschützte Bau wurde wie die gegenüber am Nordufer der Dardanellen liegende Festung von Kilitbahir von Sultan Mehmet Fatih (»dem Sieger«) 1452, also kurz vor der epochalen Eroberung Konstantinopels, erbaut. Heute ist hier das Marine- und Militärmuseum untergebracht.

Di, Mi, Fr–So 9–12 und 13.30–18 Uhr; Freigelände und Minenschiff 9–22 Uhr

Service/Auskunft

Turizm Danısması/Information

İskele Meydanı 67 (am Hafen); Tel. und Fax 2 86/2 17 11 87

Fährverbindungen

Nach Eceabat zu jeder vollen Stunde, in der Hochsaison noch häufiger, nach Kilitbahir seltener.

Ziele in der Umgebung

Bozcaada

S. 110, A 2

Die »graue« oder »raue« Insel, das schon bei Homer erwähnte Tenedos, ist heute ein grünes Eiland, mit Obstbäumen und Weingärten, etwa 10 km lang, und mit spärlichen Resten des antiken Hafenortes an der Ostküste. Sehenswert ist die restaurierte Burg Bozcaada. Schon Byzantiner, Venezianer und Genuesen behaupteten diesen Vorposten der Dardanellen. Mehrere kleine Hotels und gute Strände.

Die Fähre zur Insel legt von Yükyeri ab (ca. eine halbe Autostunde von Çanakkale).

ca. 45 km südwestl. von Çanakkale

Geschichts- und Nationalpark Gelibolu

S. 110, A 2

Hemdenknöpfe und ausgebeulte Essgeschirre, künstliche Gebisse, Schädeldecken und rostige Pistolen: letzte Überreste der türkischen, britischen, australischen, neuseeländischen, französischen, indischen und auch deutschen Truppen, die 1915/16 um die Dardanellen kämpften. Zum Gedenken an 500 000 Tote und Verwundete wurde das Kampfgelände der waldgrünen Halbinsel Gelibolu in einen Nationalpark umgestaltet, mit Friedhöfen (typische Grabbeschriftung: »Believed to be buried in this cemetery«) und monumental heroisierenden Ehrenmälern.

Zum Wahrzeichen des Nationalparks wurde das weithin sichtbare, turmhohe Pfeilergeviert mit Atatürk-Denkmal südlich von Alçitepe. Seit 1985 sind im Gallipoli Museum in Kabatepe die oben genannten Reliquien vom Schlachtfeld sowie Briefe und Uniformen zu sehen (tgl. 8–12 und 13–17 Uhr geöffnet). Zum Übernachten bietet sich das Kum Motel (Tel. 2 86/8 14 14 55 und 8 14 14 66, Fax 81 49 17; 15 km westlich von Çanakkale; auch im Winter geöffnet) an. Wälder wachsen hier bis nahe ans Meer.

ca. 10 km nördl. von Çanakkale

Truva (Troja) und Biga-Halbinsel

S. 114, A 10

Heinrich Schliemann, der geniale Amateur-Archäologe, erklärte den Burghügel beim Dörfchen **Hisarlik** zum Schauplatz des Trojanischen Krieges. Sein berühmter, nach Berlin verschleppter, 1945 von dort entführter Goldschatz ist 1993 wieder offiziell in Russland aufgetaucht. Doch der Goldfund ist viel älter als das Troja der homerischen Dichtung. »Homer-verdächtig« sind die Siedlungsschichten VI und VII aus dem 2. Jahrtausend v. Chr. Eine erste Besiedlung begann um das Jahr 3000 v. Chr. Seit 1992 wurden unter der Leitung des Tübinger Archäologen Manfred Korfmann (gest. 2005) auch Bauten außerhalb des Burgbezirks freigelegt.

Das Ruinengelände Trojas zeigt wenig Spektakuläres, doch mit deutlich besseren Infotafeln als früher. Und die Aura des Hügels in der weiten Landschaft, mit Blick zum Meer bleibt stark – immerhin waren auch Xerxes, Alexander, Caesar und Hadrian hier. Im Ida-Gebirge auf der Halbinsel Biga soll der Trojaner-Prinz Paris als Schönheitsrichter den Apfel an Aphrodite gegeben haben und von ihr mit der schönen, aber schon verehelichten Helena belohnt worden sein. Darüber kam es zum zehnjährigen Trojanischen Krieg.

Anfahrt nach Troja von Çanakkale 30 km, tgl. 8–19 Uhr (während der Saison, sonst verkürzte Zeiten).

Interessante antike Ruinen finden sich an und hoch über der Küste der Biga-Halbinsel, die auch Troas heißt: die einstige Hafenstadt Alexandreia **Troas**, ein überwachsenes

Ob das Trojanische Pferd wirklich so ausgesehen hat wie diese Nachbildung?

Ruinengelände, weiter südlich beim Dorf **Gülpınar** das »Apollon Smintoneion«, einen ehemaligen Apollotempel, und auf steilem Hügel gegenüber der Insel Lesbos das wohl um 1000 v. Chr. gegründete **Assos**. Direkt am Meer bei Assos: der Fischerort Behramkale mit Hotels, Restaurants und Badestrand – ein kleines touristisches Juwel.

ca. 35 km südl. von Çanakkale

Edremit

S. 110, A 2

30 000 Einwohner

Das im Kern noch fast unverfälschte Städtchen mit Moscheen aus dem 14. Jh. (Kurşunlu Camii, Mahkeme Camii) liegt ein Stück landeinwärts und ist Zentrum der »Olivenriviera«, die sich mit ungezählten silbriggrünen Ölbäumen von der Biga-Halbinsel bis in die Region von Ayvalık erstreckt. Edremit hat einen neuen nationalen Flughafen mit täglichen Verbindungen Istanbul–Edremit (Mai bis Sept.). Wer Oliven einkaufen will, ist in Edremit an der richtigen Adresse.

Nordöstlich von Edremit steigt der Kaz Dagı auf 1774 m an, in der Antike Berg Ida genannt und laut Homer von Göttervater Zeus zum Ausblick auf die Schlachten um Troja benutzt.

Fantastische Nachricht kam im Herbst 1994 aus Edremit: Ein felsiger Höhenzug soll rund sieben Tonnen Gold und 15 Tonnen Silber enthalten. Um sie zu gewinnen, müssten hektarweise Wald und Olivenhaine umgewühlt werden. Im Mai 1997 entschied der türkische Kassationshof, dass die Betreiberfirma »Eurogold« ihre Arbeiten einzustellen habe. Bei Bergama wurde das ökologisch hochschädliche Verfahren der Zyanidlaugung dennoch zur Goldgewinnung eingesetzt!

Ziele in der Umgebung

Badeorte wie **Küçükkuyu** und **Akçay** haben sich aus Fischernestern in kilometerlang gestreckte Hotel-Pension-Motel-Disco-Camping-Ferienhaus-Ketten verwandelt, mit teils sandigen, teils kiesigen Stränden. Beste Sandstrände finden sich in **Ören**, dort steht auch ein schickes Turban-Hotel. Im Hinterland: schöne Waldgebirge! Um Ören finden sich zahlreiche römische und noch ältere Siedlungsspuren, unter anderem wird weiter südlich bei **Alianoi** derzeit eine der größten antiken Thermenanlagen ausgegraben, mit heißer Quelle (47 Grad Celsius), Stegen, gemauertem Tunnel. Aber ein Staudamm droht das Tal zu überschwemmen.

Ayvalık

S. 110, A 2

52 000 Einwohner

Herrliche Strände, ein pittoresker Hafen inmitten einer der schönsten Insellandschaften der Türkei. Mehr als irgendwo sonst an der Westküste sind in Ayvalık die Voraussetzungen gegeben, den etablierten Ferienzentren Çeşme, Kuşadası, Bodrum und Marmaris erfolgreich Konkurrenz zu

In Ayvalıks Altstadt geht das Leben noch seinen gemächlichen Gang.

machen. Wer mit seiner Pauschalbuchung Pech hat, landet allerdings schnell mitten im betonfrischen Investitionsboom. Doch abseits der modern geschäftigen Einkaufsstraßen des einstigen Fischerdorfes überdauern noch schmale, verträumte Gassen mit ihren Holzhäusern, es gibt traumhaft schöne Urlaubsquartiere und unzerstörte Ägäislandschaft – z. B. auf der durch einen Damm mit dem Festland verbundenen **Alibey-Insel** und im Umkreis des Aussichtspunkts Şeytan Sofraşı (»Teufelstisch«) auf der waldüberwachsenen Höhe der Halbinsel **Sarımsaklı** südlich der Stadt.

Andererseits werden die langen und breiten Sandstrände von Sarımsaklı immer dichter mit Hotels, Restaurants und Imbissbuden besetzt, ähnlich wie beim südlich anschließenden Altınova. Um Ayvalıks Inseln finden Taucher ihre attraktiven Reviere mit preisgünstiger Tauchschule.

Hotels/Andere Unterkünfte

Ayvalık Beach

Attraktive, in die Felsen und Kiefernhänge gesetzte Hotelanlage mit Einzelhäusern, direkt am Meer.

An der Straße zum Seytan Sofra, Postadresse P.K.8, Ayvalık; Tel. 2 66/3 24 53 00, Fax 3 24 53 04; www.ayvalikbeach.com; 70 Zimmer ●●● CREDIT

Taksiyarhis Pansyon

In zwei renovierten historischen Häusern in einer schmale Gasse, fantasievoll ausgestattete Zimmer, steile Holztreppen, schöner Innenhof.

Mareşal Çakmak Cad. 71; Tel. 2 66/ 3 12 14 94; www.taksiyarhis.com; 10 Zimmer ●●

Spaziergang

Von der Hafenpromenade mit ihren Fischrestaurants und Rundfahrtbooten findet sich rasch die Fußgängerzone des Basars, mit kleinen Restaurants in den Seitengassen, auch mit Baumgrün. Zu den Pinienhügeln hinauf erstrecken sich die Altstadtviertel, wo das Leben mit Kindern und vielen Katzen gemächlich seinen Gang geht. Zwischen den einst zumeist von Griechen bewohnten Häusern stehen auch noch Kirchengebäude, die teils zu Moscheen umgebaut wurden.

Sehenswertes

Saatli Cami

Mit einem Minarett ergänzt wurde der ursprünglich barocke Bau der ehemaligen Johannes-Kirche.

In der Altstadt

Taxiarchenkirche

Die ursprünglich griechisch-orthodoxe Kirche mit großer Ikonostase wurde museal erhalten und restauriert.

In der Altstadt

Teufelstisch/Şeytan Sofraşi

Vor allem bei Sonnenuntergang beliebt. Der Basalthügel über der Ayvalık-Inselflur ist vermutlich vulkanischen Ursprungs. Der Überlieferung nach werden an diesem herausgehobenen Platz auch Wünsche erfüllt, darum hängen die Büsche ringsum voller Schleifen und Bänder.

Essen und Trinken

Çam Motel
Restaurantterrasse mit schönem Blick an der Straße nach Çamlik, abseits vom Zentrum. Auch Hotel.
Ortaçamlik; Tel. 2 66/3 12 15 15, Fax 2 66/3 12 30 62 ●● DINERS EURO VISA

Service/Auskunft

Turizm Danışma/Information
Yat Limanı Karşısı (südl. vom Hafen an der Straße nach Çamlik)
Tel. und Fax 2 66/3 12 21 22

Fähren
Ayvalık-Lesbos (Midilli)-Ayvalık. Zur zweistündigen Überfahrt kann man tgl. außer So (Verkehr nach Bedarf) morgens um 9 Uhr aufbrechen und noch am selben Tag zurückkommen.

Nahverkehr
Bus und Dolmus-Service vom Stadtzentrum zur Alibey-Insel und zum Sarımsaklı-Strand. Von Mai bis Okt. fahren Motorboote zur Alibey-Insel.

Tauchkurs
Ayvalık Diving Center
Im Hotel Ayvalık Palace
Tel. 2 66/3 12 10 64, Fax 3 12 10 80

MERIAN-Tipp

2 Club Orient

Wunschort an der »Olivenriviera«: direkt am eigenen, flach abfallenden Strand bieten im Baumschatten helle Häuser schönste Urlaubsquartiere, mit Garten, Swimmingpool, Tennis, Leihrädern, Kanus, Wandertouren, mehreren Restaurants, Pianobar. Auch Kinderbetreuung. Geleitet von türkisch-deutschem Paar.

10700 Ören-Burhaniye; Tel. 2 66/4 16 34 45, Fax 2 66/4 16 40 26, in Deutschland 0800/7 00 80 06; www.club-orient.de; 62 Apartments ●●●/●●●● AmEx MASTER VISA

S. 114, C 11

Bergama (Pergamon)

S. 110, B 2

57 000 Einwohner

Ein Höhepunkt jeder Westküsten-Reise auf den Spuren der antiken Welt ist das vergleichsweise spät, nämlich erst nach dem Tod Alexanders des Großen, ins historische Rampenlicht getretene Pergamon. Über der fruchtbaren Ebene und der Stadt Bergama ragen mit Steilabstürzen die bis zu 335 m hohen Felsen auf, die sich Feldherr Philetairos zur Hauptstadt eines neuen Reiches ausersah (283 v. Chr.). Finanziert wurde die Gründung mit der Staatskasse des Lysimachos, eines Generals und Kampfgefährten Alexanders des Großen. Nach Alexanders Tod stieg Lysimachos zum König über das riesige Gebiet zwischen Taurus und Donau auf. In einem Familienzwist verlor er 281 Land und Leben. Anderthalb Jahrhunderte herrschten er und seine Nachfolger, bis Attalos III. die Herrschaft dann kampflos an Rom vererbte.

Unter den Königen waren einige auch leidenschaftliche Büchersammler. Weil der Nachschub von Papyrus aus Ägypten stockte, wurde in Pergamon fortan auf dünn gegerbten Tierhäuten geschrieben, die zum großen Teil nicht mehr wie Papyrus gerollt, sondern zu Buchblöcken (Codices) gebunden wurden. In Pergamon wurde mit der Einführung von Pergament als gebräuchlichem Beschreibstoff der Anfang für die Form des Buches gesetzt, die auch heute (mit Papierseiten) noch üblich ist.

Außer dem Burgberg lohnen vor allem das am Stadtrand gelegene **Asklepieion** (der antike Kurbezirk) und das Archäologische Museum einen intensiven Besuch. Nah bei Bergama wachsen Abraumhalden: Zeugen der Naturzerstörung durch die Goldgewinnung mit Zyanidauslaugung.

Vom Burgberg hatte der deutsche Archäologe Carl Humann den Altar des Zeustempels nach Berlin entführt (mit nachgeschobener Erlaubnis der osmanischen Regierung), seither prangt das monumentale Marmorwerk als »Pergamonaltar« im gleichnamigen Museum in Berlin – und seit Jahren wird von der Türkei seine Rückgabe gefordert. Ein Tipp: Beginnen Sie die Besichtigung auf der Höhe der Akropolis und steigen Sie von dort aus gemächlich ab (etwa 2 1/2 Stunden).

Hotels/Andere Unterkünfte

Berksoy Hotel

Großzügige Anlage am Berghang, mit Swimmingpool und einem nachgebauten türkischen Bauernhaus für abendliche Runden.

İzmir Yolu Üzeri (am Stadtrand);
Tel. 2 32/6 33 25 95, Fax 6 67 22 36;
www.berksoyhotel.com; 57 Zimmer ●●●
VISA DINERS MASTER

Wieder aufgerichtet wurden Säulen des Trajantempels von Pergamon.

Sehenswertes

Akropolis

Vom Zeus-Altar sind am ursprünglichen Platz nur noch Fundamente übrig geblieben, doch Säulen des Trajantempels wurden wieder aufgerichtet (deutsche Archäologen sind weiterhin tätig). An den steilen Hang geschmiegt liegt das Theater, mit seinen 83 Zuschauerreihen das steilste der antiken Welt. Großartiger Ausblick! Nur noch im Grundriss sind Teile der pergamenischen Bibliothek zu erkennen, die einst als die reichste nach der im ägyptischen Alexandria galt. In einem Raum sind noch Löcher in der antiken Wand zu erkennen, in denen wohl Haken eingelassen waren, um die hölzernen Bücherregale zu halten.

Die Unterstadt lag außerhalb der Stadtmauer aus hellenistischer Zeit und ist vermutlich großenteils erst unter der römischen Herrschaft (nach 133 v. Chr.) erbaut worden. Das wichtigste Baudenkmal ist die »Rote Halle«. An der Nordspitze des Burgbergs sind Reste der antiken Wasserleitung zu sehen.

Am unteren Burgberg, in der Nachbarschaft des Demeter-Heiligtums mit seinem säulengeschmückten Torbau, wurde seit den Siebzigerjahren eine kleine Wohnsiedlung freigelegt. Auch drei Gymnasien sind mit interessanten Details noch recht gut zu erkennen.

Tgl. 8.30–18.30 Uhr, im Winter bis 17.30 Uhr

Asklepieion

Jenseits des Flusses Bergama Çayı (in der Antike: Selinus) liegen rund um die heilige Quelle die Überreste von Räumen für Bade- und Trinkkuren, Tempel und ein weiteres Theater – insgesamt ein dem Asklepios geweihter Kurbezirk, mit Wasser- und Schlammbädern, aber auch Musik-Therapie.

Tgl. 8.30–18.30 Uhr, im Winter bis 17.30 Uhr

Rote Halle (Kızıl Avlu)
Ein römischer Tempel für ägyptische Gottheiten (vermutlich für den Gott Serapis), der später zu einer byzantinisch-christlichen Kirche umgewandelt wurde – das ist kurz gefasst die Geschichte dieses beeindruckenden Ziegelbaus.

MUSEEN

Bergama Müzesi
Modelle des Zeus-Altars und des Demeter-Heiligtums geben den Resten auf dem archäologischen Gelände vorstellbare Gestalt.
An der Hauptstraße; Di–So 8.30–19 Uhr, im Winter 8.30–17.30 Uhr

ESSEN UND TRINKEN

Meydan Restaurant
Vorzügliche Mezeler und »Spezial Köfte«, mit Terrasse.
Istiklal Meydanı 4, nahe »Rote Halle«; Tel. 2 32/6 33 17 93 ●/●●

Ziele in der Umgebung

Çandarlı

→ S. 110, A 2

Çandarlı ist anders, noch ein wenig wie aus der guten alten Zeit: eine Strandpromenade unter alter Burg, kleine Pensionen und Fischer, die Gäste auf Picknick- und Badetour steuern. In der Pansyon Senger ● (man spricht deutsch) an der Uferstraße gibt es kleine, saubere Zimmer mit Bad und Balkon.
ca. 30 km südwestl. von Bergama

Soma

→ S. 110, B 2

Der Ausflug in die Berge östlich von Bergama wird mit einer Rarität belohnt. Inmitten der engen Altstadtgassen südlich der großen Durchgangstraße steht die Hizirbey Camii, ein Bau des 18. Jh. mit Holzsäulen und Holzdecken. Die Wände sind mit Rokoko-Fresken geschmückt, die Gartenpavillons, aber auch die Kaaba von Mekka zeigen.
ca. 38 km östl. von Bergama

İzmir

→ S. 110, A 3

2,5 Mio. Einwohner

Eine Palmenstadt am weiten Meeresgolf, weltoffen und voller Elan: Die einzige wirkliche Großstadt an der türkischen Westküste verwöhnt mit mildem Klima.

Hafenstadt seit homerischen Zeiten, hat İzmir im 20. Jh. bereits die – nach Ankara – zweite U-Bahn der Türkei eröffnet und legt einen neuen Hafen an, nördlich vom Stadtkern in dem weltberühmt schönen Golf. Haushohe spiegelnde Glasfronten im Zentrum und Tausende neuer Wohnungen draußen auf den Hügeln, wo die bis zu 14-stöckigen Neubauviertel wie fremdartig pastellfarbene Kristalle unter der mediterranen Sonne emporwachsen – das ist das neue Gesicht des heutigen İzmir. Die meisten Bürger leben gern hier. Nur manche erinnern sich noch daran, dass die Stadt einmal viel schöner war – damals, als sie erst 500 000 Einwohner hatte. Nur 30 Jahre ist das her.

Höhepunkte im Erlebnisprogramm von İzmir sind der große Basar, das pulsierende Café- und Geschäftsviertel um die »Kordon«-Promenaden in **Alsancak** und das äußerst reich bestückte Archäologische Museum.

HOTELS/ANDERE UNTERKÜNFTE

Büyük Efes
Eine der besten Adressen der Türkei, mit allem nur erdenklichen Komfort: Swimmingpool (gegen Gebühr auch für Nicht-Hotelgäste zugänglich), Aquarium-Bar, Disco, Hamam und Palmengarten.
Gazi Osmanpaşa Bulvarı 1; Tel. 2 32/4 84 43 00, Fax 4 41 56 95; www.swissotel.com; 446 Zimmer ●●●●
CREDIT

Marla Otel
Postmodern, zentral.
Kâzim Dirik Cad. 7 Pasaport; Tel. 2 32/4 41 40 00, Fax 4 41 11 50; www.otelmarla.com; 68 Zimmer ●●● VISA MASTER

Essen und Trinken

Billig isst man im teuren İzmir immer noch im Basar und in Basmane, in der Gegend um den Bahnhof. Eine große Restaurant-Auswahl findet man in Alsancak und in der Saison auch im Kültürpark.

1888 – Restaurant und Bar
Elegant, in einem renovierten Gebäude Alt-Smyrnas, prächtiger Balkon, kleiner Garten.
Cumhuriyet Bulvarı 248; Tel. 2 32/4 21 66 90 ●●● DINERS MASTER VISA

Deniz Restaurant
Von Einheimischen oft als eines der besseren oder besten genannt, mit Spezialität »Balik kavurma«, einem Fischgericht aus dem Tontopf. Auch eines der Restaurants mit Nichtraucher-Raum. Reservieren!
Atatürk Cad.188/B (beim Izmir Palas Hotel); Tel. 2 32/4 64 44 99 ●●● MASTER VISA

Spaziergang

Mit Bus oder Taxi fährt man nach Alsancak, zum Beispiel zum Cumhuriyet Bulvarı, Ecke Ali Çetinkaya Bulvarı (beim Zübeyde-Hanım-Denkmal für die Mutter Atatürks). Entweder spazieren Sie jetzt am äußeren Kordon (Atatürk Cad.) mit Blick auf den Golf und den Stadtteil Karşıyaka nördlich zum Fährhafen oder ungestört vom Verkehr in der Fußgänger- und Ladenzone um den inneren Kordon (Cumhuriyet Bulvarı) und Kıbrıs Şehıtler Cad. Einige schmale Straßen zeigen noch Häuser der osmanischen Zeit und die typischen Holzbalkone. Gegen Abend trifft sich in den Straßencafés und Restaurants von Alsancak halb İzmir.

Fallschirmspringer-Turm in İzmir, der drittgrößten Stadt der Türkei. İzmir war einst als Smyrna berühmt, Hafenstadt schon in der Antike.

Sehenswertes

Agora
Die Reste der zweistöckigen Ladengalerie rund um den einstigen römischen Marktplatz sind oberhalb vom Basar im Stadtteil Namazgah zu finden.
Di–So 9–12 und 13.30–17.30 Uhr

Alsancak
Im Gazi Kadınlar Sokagı (1453 Sok.) und Muzaffer İzgü Sokagı (1482 Sok.) wurden letzte Straßenzeilen aus osmanischer Zeit jüngst sorgfältig restauriert. Viele Bars und Cafés.

Atatürk-Denkmal
Das auch »Eherner Reiter« genannte Denkmal wurde 1933 errichtet.
Cumhuriyet Meydanı

Hisar Camii
Die architektonisch bedeutendste Moschee İzmirs wurde 1598 erbaut und mehrfach renoviert.
Im Basar (Kemeraltı)

Kadifekale

Lysimachos, General von Alexander dem Großen, ließ nach der Zerstörung Bayraklıs durch die Perser auf dem Pagos-Hügel das neue Stadtzentrum mit der »Samtburg« (türk. Kadifekale) erbauen. Reste der Burganlagen aus byzantinischer und osmanischer Zeit. Imposanter Ausblick!

Oberhalb der Agora

Konak Meydanı

Am Hauptplatz mit dem zierlichen Uhrturm von 1901 (Saat Kulesi), der zum Stadtsymbol wurde, stehen eine kleine Moschee von 1754 und moderne Verwaltungsgebäude. In der Nähe befindet sich ein opulentes Ladenzentrum.

Kültürpark

Der »Kulturpark«, das grüne Herz der Stadt, ist größtenteils asphaltiert. Zum Park gehören ein künstlicher See, ein kleiner Zoo, ein Rummelplatz und das weiträumige Messegelände (Fuar), vor allem aber viele Restaurants, Teegärten, Discos, dazu noch ein Hallenbad, ein Fallschirmturm und Tennisplätze.

Östl. von Cumhuriyet Meydanı

Museen

Archäologisches Museum

Schöne, gut dargebotene Sammlung von Fundstücken aus der Ägäis-Region – eines der wichtigsten Archäologie-Museen der Türkei.

Birleşmis, Milletler Cad. (oberhalb vom Konak Meydanı); Di–So 9–17 Uhr

Atatürk-Museum

Ehemaliges Wohnhaus des Nationalhelden.

Atatürk Cad. 248; tgl. 9–12 und 13–17 Uhr

Ethnographisches Museum

Die bedeutendste Sammlung der Ägäisküste, von Teppichen bis zum Silberschmuck wird der Reichtum der handwerklichen Tradition sichtbar.

Neben dem Archäologischen Museum; tgl. 9–12 und 13–17 Uhr

Alte/neue Kunst: Museum für Malerei und Skulptur (moderne türkische Kunst), Konak Meydanı beim Atatürk Kültür Merkezi; Selçuk Yasar Kunstgalerie (Stiftung des reichen Industriellen Yasar), Cumhuriyet Bulvarı 252.

Einkaufen

In İzmir wird Geld verdient und Geld ausgegeben – bei den Juwelieren der Anafartalar Cad., in den großen Kaufhäusern **Vakko** und **Beymen** in der Atatürk Cad. und in den (teils) eleganten Läden für Lederwaren, Mode, Glas und Keramik in der Fußgängerzone in Alsancak.

Der Basar in **Kemeraltı** gleich östlich vom Konak ist noch immer das wichtigste Einkaufszentrum der Stadt und einer der schönsten Basare der Türkei, mit vielen Gassen und Karawanserei. Gewürze, Kaffee, Blumen und Fisch werden zum Augen- und Geruchserlebnis. Nordöstlich schließt zwischen Gazi Bulvarı und 1369 Sok. der Flohmarkt an (Bitpazarı, am besten sonntags kommen!).

Tgl. 9–19 Uhr

Am Abend

Die vielen Nachtclubs bieten meist Abendessen und oft Livemusik. Zahllos sind die Bars, Bierlokale (Birahane) und Diskotheken – schlendern Sie die Atatürk Cad. in Alsancak entlang oder durch den Kültürpark! İzmirs rund ein Dutzend Kinos zeigen auch englischsprachige Filme im Originalton (mit türkischen Untertiteln). Das Programm von Staatsoper, Atatürk-Kulturzentrum, Theater, Konzerten und anderen Veranstaltungen gibt es beim Tourist Office (→ Service).

Service/Auskunft

Turizm Danışması/Information

Gazi Osmanpaşa (G.O.P.) Bulvarı (neben dem Hotel Büyük Efes); Tel. 2 32/ 4 45 73 90, Tel. und Fax 4 89 92 78

Eisenbahn
Türkische Staatsbahnen (TCDD)
Bahnhof Alsancak; Tel. 2 32/4 21 01 14;
Bahnhof Basmane; Tel. 2 32/4 84 86 38

Fluglinie
Turkish Airlines (THY)
Büyük Efes Oteli Altı; Tel.
2 32/4 84 12 20/5, Fax 4 83 62 81

Flughafen
Adnan Menderes Airport
City-Terminal beim Büyük Efes Hotel, der Flugplatz liegt in Menderes (Cumaovasi) südwestlich der Stadt.
Tel. 2 32/2 74 26 26 (international),
Tel. 2 32/2 74 24 24 (domestic)

Ziele in der Umgebung

Mit rund 20 km langen Sandstränden lockt die lang gestreckte, viel besuchte Halbinsel **Çeşme**. Der gleichnamige Hauptort an der Westspitze (gegenüber der griechischen Insel Chios) liegt etwa 80 km von İzmir entfernt, ein Kranz von kleineren Orten verteilt sich auf die nördliche, nur recht dünn besiedelte Halbinsel Karaburun und die Südküste.

Unter Naturschutz steht der Strand von Altınkum, der nur wenige Kilometer vom Ort Çeşme entfernt liegt. Er ist aus diesem Grund frei von Bebauung.

Efes (Ephesos)/ Selçuk

S. 110, A 3

25 000 Einwohner

2 Für Archäologie-Interessierte ist das antike Ephesos einer der wichtigsten Höhepunkte, wenn nicht sogar das alle anderen überragende Haupterlebnis einer Anatolienreise. Nirgendwo trifft man in so reicher Fülle auf antike Bauten, Straßen und Plätze, die auch für das archäologisch ungeübte Auge in ihrem besonderen Rang erkennbar sind.

Die kleine Stadt Selçuk, rund 50 km südlich von İzmir, wird überragt von der byzantinisch-seldschukischen Burg und der Johannes-Basilika, die schon im 6. Jh. über dem angeblichen Grab des Evangelisten Johannes erbaut wurde. Hauptattraktion Selçuks ist das Archäologische Museum mit der berühmten Artemis-Statue (Di–So 8.30–12, 13–18.30 Uhr, winters bis 17 Uhr). Unweit davon steht die İsa-Bey-Moschee mit ihrer schwarzweißen Marmorfassade (1375).

Das **Artemision** (am Weg zum antiken Ephesos), der einst als Weltwunder gerühmte Artemistempel, Stätte eines uralten Mutterkultes, ist nur noch Ruinenstätte im sumpfigen Gelände gegenüber der İsa-Bey-Moschee, mit einer einzigen wieder aufgerichteten Säule. Vor der Verlandung des Hafens stand der Marmortempel unmittelbar am Wasser. 356 v. Chr. von dem geistesgestörten Herostratos zerstört, wurde er größer und schöner erneuert, nach einem halben Jahrtausend abermals zerstört: 263 n. Chr. von den Goten.

Ephesos war schon ein Heiligtum der Lyder und Karer, die hier die Muttergöttin Kybele verehrten, bevor die griechischen Kolonisten das Artemis-Heiligtum errichteten, das zum berühmtesten der Alten Welt wurde. An den Pilgerscharen wie an der günstigen Lage des Hafens wurde die Stadt doppelt reich. Sie war nie königliche Residenz wie das jüngere Pergamon, aber Ephesos soll als Hauptstadt der römischen Provinz Asien bis zu 300 000 Einwohner gehabt haben.

Oberhalb der 66 Zuschauerreihen des Theaters (24 000 Plätze) hat man einen der großartigsten Ausblicke auf eine antike Stadtstruktur: auf das verlandete Hafenareal, die zum Hafen führende Prachtstraße **Arkadiane**, die nachts mit 50 Laternen beleuchtet war, auf die Celsus-Bibliothek an der Marmorstraße und den Hadriantempel an der Straße der Kureten (Artemis-Priester).

Um die Prunkgebäude, die von österreichischen Archäologen teils wieder aufgerichtet wurden, muss man sich Mosaiken, Brunnen und Standbilder vorstellen. Interessante Details finden sich in der Celsus-Bibliothek, einer Stiftung des 2. Jh. – z. B. Wandnischen für Buchrollen und Codices und eine doppelte Wandung zum Schutz vor Feuchtigkeit. An der Kuretenstraße wurden in den Achtzigerjahren Wohnhäuser wieder aufgebaut, die mit Privatbad, Heizung, Marmorböden und Fresken ausgestattet waren (tgl. 8–18 Uhr).

Ephesos als ein Zentrum des Urchristentums: Hier predigte der Apostel Paulus, ein Brief von ihm an die Epheser ist überliefert.

Mit dem Evangelisten Johannes soll nach alter Überlieferung auch Christi Mutter Maria nach Ephesos gekommen sein. Das **Haus der Mutter Maria** (Meryemana Evi) am Bülbül Dağı (Nachtigallenberg) ist heute eine Pilgerstätte in schöner, quellenreicher Waldlandschaft. In zehn Sprachen wird die Geschichte des abgeschiedenen Platzes dargestellt.

Die Auffindung dieser Marienstätte geschah auf sehr mirakelhafte Weise. Der Dichter Clemens Brentano hatte die Marien-Visionen der stigmatisierten Nonne Anna Katharina Emmerich aufgezeichnet. Diese Protokolle enthielten auch Schilderungen des Hauses der Hl. Maria. Ein französischer Geistlicher stieß auf das Buch und fand in der Folge jenen Hügel bei Ephesos mit der Ruine eines Hauses, auf das die Beschreibungen der Nonne exakt zutrafen. Seit 1892 ist das »Marienhaus« offiziell als Wallfahrtsstätte anerkannt.

Am Fuß des Berges befindet sich eine christliche Nekropole mit Kirchengewölben und der Siebenschläfer-Grabstätte, die an die Legende sieben jugendlicher Märtyrer und ihres 200-jährigen Schlafes erinnert.

Einst eine römische Prachtstraße: Die Arkadiane in Ephesos führte vom nun verlandeten Hafen zum Großen Theater. Im Altertum markierten zwei Prunktore die Enden der Arkadenstraße. In römischer Zeit war Ephesos Hauptstadt der Provinz Asia (Kleinasien).

Messe in oder vor der Marienkapelle So 10.30 Uhr, werktags 7.15 Uhr; ca. 6 km südwestl. von Selçuk

Hotels/Andere Unterkünfte

Hotel Akay
Nahe beim Artemistempel, kleiner Garten, ruhig. Dachgartenrestaurant.
İsabey Camii Karşısı, Serin Sok. 3, Selçuk; Tel. 2 32/8 92 31 72 und 8 41 85 85, Fax 892 30 09; 15 Zimmer ●●
VISA

Kuşadası

⟶ S. 110, A 3

37 000 Einwohner

Kein Ort der türkischen Küste ist so wie Kuşadası Drehscheibe des Studienreisen- und Kreuzfahrttourismus. Geschützt von der **Taubeninsel** war die Hafenbucht schon in der Antike besiedelt und hieß Phygela. Die Neugründung im Mittelalter wurde von italienischen Handelsstädten durchgesetzt und »scala nuova« (= neuer Hafenplatz) genannt. Doch seit osmanischen Zeiten heißt der Ort »Vogelinsel« (Kuşadası). Die Burg auf der Taubeninsel entstand erst 1834. Weil alle antiken Sehenswürdigkeiten außerhalb von Kuşadası liegen, läuft in der Touristenstadt das Urlaubsleben hochtourig, laut und lustig in Discos und Bars, beim Shopping und Strandvergnügen. Yachtbesitzer schätzen die Marina mit über 600 Plätzen. Die sind meist belegt, auch zum Überwintern.

Hotels/Andere Unterkünfte

Außer den weit über hundert Hotels und Pensionen gibt es in und um Kuşadası mehrere große Ferienclubhotels, zum Beispiel Club Mediterranée und Hotel Club Akdeniz südlich. Auch viele Komforthotels werden außerhalb der Stadt angeboten, zum Beispiel das Ephesia Vista, 7 km südlich, direkt am Strand, mit vielen Sportangeboten, sehr gutes Preis-Leistungs-Verhältnis.

MERIAN-Tipp

3 Didyma

Monumentalste Tempelbaukunst inmitten eines kleinen Landstädtchens! Zerstört von den Truppen des Perserherrschers Darius, im Wiederaufbau des 4. Jh. v. Chr. nie vollendet: der Apollo-Tempel, eine Orakelstätte wie in Delphi, hatte 120 riesige Säulen auf siebenstufigem Unterbau, im Untergeschoss den Raum des Orakel verkündenden Priesters. Die Statuen, zum Teil Löwen, an der Straße zum Hafen wurden zumeist 1858 ins British Museum verbracht.

Mai–Sept. 9–20 Uhr, Okt.–April 8.30–17.30 Uhr ⟶ S. 118, B 18

Kısmet Hotel
Auf einer Halbinsel mit Blick auf Kuşadası, exklusiv inmitten von Gartengrün, erbaut von der osmanischen Prinzessin Hümeyra Özbas, wie ein kleines Schloss.
Gazibegendi Bulvarı 1; Tel. 2 56/6 18 12 90, Fax 6 18 12 90; www.kismet.com.tr; 83 Zimmer ●●●/●●●● CREDIT

Atinç Hotel
Mit Schwimmbad auf dem Dach, sehr zentral an der Uferpromenade gelegen.
Atatürk Bulvarı 38; Tel. 2 56/6 14 76 08, Fax 6 14 49 67; www.hotelatinc.com; 75 Zimmer ●●● CREDIT

Club Caravanserail
Kleines Nobelhotel, 1618 als Handelsstation erbaut.
Atatürk Bulvarı 2; Tel. 2 56/6 14 41 15, Fax 6 14 24 23; www.kusadasihotels.com/caravanserail; 26 Zimmer ●●● CREDIT

Essen und Trinken

Toros Canalı Balık Restaurant
Zwischen Uferpromenade und Hafen gelegen, ist das Restaurant ein be-

liebter Treffpunkt von Freunden maritimer Speisen.
Mit Anleger der Kreuzfahrtschiffe; Tel. 2 56/6 14 11 44 ●●● DINERS MASTER VISA

Ziele in der Umgebung

Dilek-Nationalpark

S. 110, A 3

Immer wieder eine Überraschung: ein Hügelpark im dichten Grün inmitten der touristisch ausgebauten und überbauten Küste, bis 1237 m hoch. 3 Auf einer Schotterstraße zu befahren. Prachtvolle Platanen und Steineichen in den Schluchten, großartige Fernblicke übers Meer, einige Strände. Restaurants und Quartiere sind im Dorf **Güzelcamli** nahe dem Eingang zum Nationalpark zu finden.
Tgl. 7–19 Uhr, winters 8–17 Uhr; ca. 30 km südwestl. von Kuşadası

Hügelstadt Priene

S. 110, A 3

Exkursion in eine Ruinenstadt, eine der interessantesten der griechischen Antike auf kleinasiatischem Boden – weil die hellenistische Stadt nicht römisch überbaut wurde. Die Reste des Athene-Tempels, Theater und anderes liegen in großartiger Berglandschaft hoch über dem Schwemmland des Mäander-Flusses (Büyük Menderes). Tipp: An der Zufahrtstraße von Söke das schöne und schattige Şelale-Restaurant mit Wasserfall.
Mai–Sept. 9–20 Uhr, Okt.–April 8.30–17.30 Uhr; ca. 21 km südl. von Kuşadası

Milet

S. 110, A 3

In Einsamkeit inmitten landwirtschaftlicher Felder breitet sich das Ruinengelände von Milet, einst der größten Stadt der griechischen Antike, zeitweise unter persischer Herrschaft. Der Hafen, der die Stadt in der römischen Kaiserzeit noch einmal reich machte, verlandete nach der Mitte des 1. Jahrtausends n. Chr., der Schwemmland-Sumpf an der Küste breitete sich aus. Eindrucksstark steht der mächtige Bau des Theaters (für 15 000 Zuschauer!) über der Ebene, auch die römischen Faustina-Thermen. Erkennnbar sind das Bouleuterion (Theater), der Grabbau Heroon, Grundmauern von Tempeln, Lagerhäusern und Wohnbauten.

Philosophen und Naturforscher wie Thales, Anaximander und Anaximenes kamen aus Milet. Um 1400 entstand die kleine Moschee İlyas Bey Camii, manches Jahr nisten hier Störche. Festes Schuhwerk ist praktisch, Erfrischungsstände beim Eingang.
Mai–Sept. 9–20 Uhr, Okt.–April 8.30–17.30 Uhr; ca. 40 km südl. von Kuşadası

Eindrucksvolles Zeugnis der römischen Antike: das Theater von Milet.

Der Südwesten

Vom Bafa-See zum Fethiye-Golf: Badelust und Segelfreuden, Ruinenromantik in Waldgebirgen.

Sommertreff der Reichen, auch ein Hauptort des Türkei-Tourismus: die »weiße Stadt« Bodrum und die dörflichen Orte der Halbinsel Bodrum. Die Johanniter-Ritter verteidigten ihre Burg bis 1522 gegen das Heer Sultan Süleymans des Prächtigen.

Zwischen der weiten Bucht von Bodrum und dem Golf von Fethiye an der Südküste erstreckt sich eine Genusslandschaft für Naturfreunde, Segler und Sonnenanbeter. Vielen gilt der Südwesten als die unübertroffen schönste Region der Türkei. Auch darum, weil sich der Tourismus der großen Zahl auf wenige Orte – Bodrum und Marmaris – konzentriert. Zu entdecken bleiben verträumte Buchten, Seen und Wasserfälle, stille Wald- und Wandergebiete.

Bafa Gölü/Bafa-See

→ S. 118, B 18

So viel Waldgrün umgibt den rund 17 km langen See, dass viele ihn kaum wahrnehmen, unterwegs von İzmir nach Bodrum. Es gibt keine Straße rund um den See, dafür umso mehr Vogelarten, rund 250 heißt es, darunter weiße Seidenreiher und Krauskopfpelikane. Zum einzigen größeren Dorf **Kapıkiri** gelangt man mit dem Schiff vom Restaurant Çeri'nin Yeri, etwa 9 km von der Nordspitze, oder auf der rauen Straße vom Dorf **Çamiçi** (Bafa) am Südende. Dort überdauern in großartig bizarrer Felslandschaft die antiken Ruinen von **Herakleia**. Der Kubus des Athena-Tempels, die Agora, ein in den Felsen gehauenes Theater und Teile der Stadtmauer sind erkennbar, auch den Kultraum des Endymion kann man sich zeigen lassen. Der schöne Geliebte der Mondgöttin wurde hier, erzählt die Legende, schlafend aufgefunden und auf ihre Bitte von Zeus mit ewigem Leben beschenkt. Der überm Dorf aufragende Berg ist der Beşparmak, der Fünffingerberg, in der Antike Latmos genannt.

Wanderungen in die Berge führen zu Höhlen und Klosterruinen christlicher Eremiten. Manche kamen von der Sinai-Halbinsel und suchten Schutz beim Bischof von Herakleia. Mauerreste von zwei Klöstern finden sich südöstlich vom Bafa-See.

Eine eindrucksvolle Ruine an einem idyllischen Platz ist der Zeustempel von Euromos mit noch aufrecht stehenden Säulen, 16 km südlich vom See, links von der Straße nach Bodrum. Reste der Stadt Euromos, die zwischen 200 v. Chr. und 200 n. Chr. ihre beste Zeit hatte, sind inzwischen vom Wald oberhalb des Tempels überwachsen.

Andere lohnende Ziele für alle an der Antike Interessierten sind **Labranda**, in Bergeinsamkeit nordwestlich von Euromos, am besten von der Stadt Milas aus zu erreichen, und **Lasos**, ein Fischerort an der Küste. Dessen kleines Museum zeigt u. a. einen monumentalen römischen Sarkophag. Der Akropolishügel über dem Hafen ist stark befestigt, die Agora, Ruinen eines römischen Tempels und noch mehr sind zu erkunden.

Hotels/Andere Unterkünfte

Club Natura Oliva

Familienfreundlich und ökologisch geführt im Olivenhain über dem Südufer des Bafa-Sees. Ganzjährig geöffnet, eigener Strand, Exkursionen und Studienreisen (Kinderbetreuung).

Dr. Koch, Am Stadtgarten 9, 76137 Karlsruhe; Tel. 07 21/15 11 51, Fax 15 11 52; www.dr-koch-reisen.com; 32 Zimmer in 11 landestypischen kleinen Häusern, 12 Zimmer mit Zentralheizung ●●●

AmEx MASTER VISA

Bodrum

→ S. 118, B 19

50 000 Einwohner

Stadtplan → S. 55

Berühmt war Bodrum schon in der Antike auch als Geburtsstadt Herodots, des Vaters der Geschichtsschreibung. Ein Sommertreff der Reichen und ihrer Luxusyachten ist der Ort heute, aber auch von Tausenden Touristen mit normalem Einkommen. Wer es ruhiger erleben will, kommt im zeitigen Frühjahr oder im Spätherbst. Anders als in Kuşadası haben Bodrums Stadtväter auf den Bau überdimensionierter Hotelanlagen und Bettenburgen in Zentrumsnähe verzichtet. Der mediterrane Charme des Städtchens blieb erhalten.

Bodrum – das ist der im Wellengang schwankende Wald der Masten im Yachthafen, das ist das unter blauem Himmel und über blauem Meer strahlende Weiß der Häuser, die immer weiter in den Hügelkranz der weiten Bucht hineinwachsen. Bodrum ist auch die Johanniterfestung mit den zwei viereckigwuchtigen Zinnentürmen, den runden Bastionen und rund 10 m hohen Mauern. Bodrum – das ist die Bootsfahrt hinaus zu den Buchten und Inseln.

Hotels/Andere Unterkünfte

Marina Vista ⇢ S. 55, a 2
Elegant im Art-déco-Stil erneuert, günstige zentrale Lage, gegenüber der Marina, mit großem Garteninnenhof und Swimmingpool – eine Insel der Ruhe.
Neyzen Tevfik Cad. 228; Tel. 2 52/3 16 22 70, Fax 3 16 23 47; www.majestyresorts.com; 84 Zimmer ●●●● MASTER VISA

Ayaz Hotel ⇢ S. 55, westl. a 3
Strandhotel mit zwei Swimmingpools (einer für Kinder), 2,5 km westlich.
Gümbet-Bodrum; Tel. 2 52/3 16 11 74 und 3 16 29 56, Fax 3 16 47 51; www.ayazhotel.com; 96 Zimmer ●● MASTER VISA

Spaziergang

Von der Johanniterburg aus gerät der Spaziergang um die westliche Hafenbucht bis zur Marina allemal zur großen Schau der Yachten und Gülets. Biegt man von der Neyzen Tevfik Cad. (Hafenpromenade) vor der Marina nördlich in die Hamam Cad. ab, kommt man zu den Resten des Mausoleums an der Turgut Reis Cad. und nördlich über die Schnellstraße Kıbrıs Şehitleri Cad. zum antiken Theater. Wegen der Hitze sommers nur zeitig am Morgen oder gegen Abend zu empfehlen!

MERIAN-Tipp

4 Lavanta Village

Tosun Merey verwirklichte 1997 mit diesem luxuriösen »Dorf« überm Meer einen Lebenstraum: vom Ambiente bis zum Weinkeller perfekt, eine der angenehmsten Adressen für erholsames Wohnen und Urlauben auf der Bodrum-Halbinsel.

P.O. Box 35, 48430 Yalıikavak-Bodrum; Tel. 2 52/3 85 21 67 und 00 49/80 51 88 19, Fax 3 85 22 90; www.lavanta.com; 8 Zimmer, 11 Wohnungen ●●●● CREDIT S. 118, B 19

Sehenswertes

Antikes Theater ⇢ S. 55, a 1
Zum Meer hin offen, mit dem Blick über die Stadt und die weite Doppelbucht: ein Theaterbau mit 16 von Archäologen wieder freigelegten Sitzreihen. Den Ausblick stört die Schnellstraße, die das Theatergelände anschneidet.

Johanniterburg St. Peter ⇢ S. 55, b 3
Die prächtigste Ritterburg der Westküste wurde 1413 von den Johanniterrittern erbaut. Die Ritter mit dem Zackenkreuz (heute auch: Malteserorden) nannten sie nach dem Apostel Petrus »Petronium« – daraus wurde »Bodrum« – und verteidigten diesen Außenposten ihrer Herrschaft auf Rhodos bis 1522 gegen die Osmanen.

Im Johanniterkastell ist das **Archäologische Museum** untergebracht, Schwerpunkt Unterwasserarchäologie, mit staunenswerten Funden wie z. B. Schiffswracks aus dem 2. Jahrtausend v. Chr. Man kann aber auch im »English Tower« (jede Landsmannschaft der Ritter hatte ihr eigenes Quartier) »Johanniterwein« trinken. Außerdem gibt es ein Freilichttheater, eine Kunstgalerie, Konzerte – die Festung wurde zum Kulturzentrum.
Di–So 9–12 und 13–17 Uhr

Mausoleum → S. 55, a 2
Leider ist vom Grabmal des karischen Statthalters Mausolos (gest. 353 v. Chr.) vor Ort nicht viel erhalten – bis auf die Kopien der Relieffriese, die schon im 19. Jh. ins British Museum in London abtransportiert wurden.
Nähe Turgut Reis Cad. (ausgeschildert); Di–So 8–12 und 13–17 Uhr

Essen und Trinken

Die Restaurantgasse Meyhane Sokak (Nebenstraße der Dr. Alim Bey Cad.) ist während der Saison fast vollgestellt mit Tischen und Stühlen.

Amphora Restaurant → S. 55, a 2
Viel gelobt, gegenüber der Marina, mit attraktiven Meseler, Fischsuppe und schmackhaften Grillgerichten.
Neyzen Tevfik Cad. 172; Tel. 2 52/3 16 70 60 ●●● MASTER VISA

Am Abend

Halikarnas Disco → S. 55, c 3
Mit Laserorgel, Gratis-Schiffsfahrt von der Hafenbucht. Super-Tanzfläche.
Cumhuriyet Cad. 128; Tel. 2 52/3 16 80 00; www.halikarnas.com.tr

Service/Auskunft

Turizm Danışması/Information → S. 55, b 2
Kale Meydanı; Tel. 2 52/3 16 10 91, Fax 3 16 76 94

Ziele in der Umgebung

Im Ortsbereich sind Bodrums Strände wenig verlockend, umso mehr aber die Dörfer rund um die Halbinsel. Man macht eine Bootstour oder fährt mit dem Dolmus. Empfehlenswerte Orte: **Akyalar, Bitez, Gümbet, Karaincir, Ortakent, Torba, Yalıkavak.**

Marmaris

⇢ S. 119, D 19

62 000 Einwohner

Eine attraktive Stadt für alle, die touristischen Betrieb von Disco bis Yachthafen nicht missen wollen! Marmaris lockt mit einer zauberhaften Bucht und viel grünem Hinterland. Wie eine übergroße blaue Glocke liegt sie eingebettet in einem Kranz grüner Hügel und Berge. Dort, wo sich die Glocke öffnet, schwimmen zwei Inseln in die Meeresbläue: die »Ziegeninsel« (Keçi Adası) und die »Paradiesinsel« (Cennet Adası). Im Ortsbereich von Marmaris, das sich über den ganzen Westteil der Bucht ausgebreitet hat, sind die schönsten Strände für Hotelgäste reserviert. Auch die einstigen Fischerdörfer **Içmeler** und **Turunç** sind heute schon Hotelstädte, **Çiftlik** und **Kumlubük** sind im Begriff zu folgen. Weiter hinaus, auf Halbinseln und Inseln, gibt es aber noch ungezählte Bade- und Picknickplätze. Exkursionen führen von Marmaris nach **Knidos** – berühmt durch die leider verlorene Venus des Praxiteles – und nach **Rhodos**.

Hotels/Andere Unterkünfte

Streckenweise sind Hotelreihen drei- und vierfach gestaffelt längs der Strände hochgezogen worden, meist mit Swimmingpool und sonstigem Komfort.

Hotel Mares

Weitläufige Anlagen direkt am Meer gelegen, 4,5 km vom Stadtzentrum entfernt, mit viel Komfort, mehreren Restaurants, Kinderspielplatz, Tennisplätzen.

İçmeler; Tel. 2 52/4 55 22 00, Fax 4 55 22 01; www.mares.com.tr; 430 Zimmer, 10 Suiten ●●● CREDIT

Villa Florya

Glück im Abseits: An einem 3 km langen Strand, an dessen Ende das Gourmet-Yacht-Club-Restaurant seinen Platz hat, erwartet der Hotelier auf einem Felssporn seine Gäste. Zu Füßen der Villa Florya liegt noch ein einfaches Gartenrestaurant.

Kumlübük, 20 km südl.; Tel. 2 52/4 76 75 53, Fax 4 76 75 54; www.villaflorya.com; 14 Zimmer ●●● MASTER VISA (kleine Hunde)

Spaziergang

Die palmengesäumte Promenade gehört landesweit zu den schönsten: Von der Atatürk Cad. (mit Autoverkehr) über die autofreie Kordon Cad. zum Altstadtquartier ist man auch schon mal einen halben Nachmittag unterwegs und hat dann die Wahl, durch das Gelände des neuen Yachthafens zu bummeln oder durch die Basarstraßen und hinauf zur Burg. Am meisten gefallen hat uns als Abschluss eines Spaziergangs zu jeder Tages- und Nachtzeit die winzige Panorama-Bar mit Dachterrasse auf dem Stadthügel.

Sehenswertes

Burg/Marmaris Kalesi

Schon im Mittelalter erbaut, wurde die Festung während der türkischen Eroberung der Insel Rhodos (1522) von Süleyman dem Prächtigen vergrößert.

Museen

Marmaris-Museum

Kleine archäologische und ethnografische Sammlung.

In der Burg; Di–So 8–12 und 13–17.30 Uhr

Essen und Trinken

Fellini Restaurant

Man gönnt sich ja sonst nichts – ein Wohlfühl-Platz mit italienischem Ambiente.

Am Yachthafen; Tel. 2 52/4 13 08 26 ●●● AmEx MASTER VISA

Service/Auskunft

Turizm Danışması/Information

İskele Meydanı 2; Tel. 2 52/4 12 10 35, Fax 4 12 72 77

Ziele in der Umgebung

Datça/Knidos

S. 118, B/C 19

Südwestlich von Marmaris liegt auf der schmalen, schön bewaldeten und spärlich besiedelten Halbinsel Datça der kleine Fischerort Datça (über 5000 Einw.). Das Dorf ist zu einem beschaulichen Touristenziel gewachsen. Britische Pensionisten und erholungsbedürftige Istanbuler Familien, aber auch nicht wenige Deutsche begegnen sich an den zwei angenehmen Stränden direkt beim Dorf. Etwas landeinwärts und abseits von der Straße nach Marmaris findet man das stille **Eski Datça**, Alt-Datça mit Kopfsteinpflaster und traditionellen Häusern.

Von Datça aus gehen morgens und mittags Boote zur antiken Hafenstadt **Knidos** an der Spitze der Halbinsel, die durch die knidische Venus des Praxiteles berühmt geworden war. Wenn man das Mittagsboot benutzt, sollte man eine Übernachtung in Datça einplanen. Die Bootsfahrt wird meist für eine Imbiss- und Badepause unterbrochen. In Knidos sind Aphrodite- und Demeter-Tempel sowie zwei Theater zu besichtigen. Mit seinen noch heute gut erkennbaren zwei Häfen war Knidos früher ein strategisch wichtiger Platz in wechselnden Bündnissen in der Machtkonkurrenz zwischen Athen, Sparta und den persischen Großkönigen. Großartige Ausblicke auf Meer, Halbinsel und Inseln.

ca. 66 km westl. von Marmaris

Hotels/Andere Unterkünfte

Villa Tokur
Strandnah (5 Min.), mit Meerblick, Garten und Swimmingpool; deutschsprachig.
İskele Mah., 4800 Datça; Tel. 2 52/7 12 87 28, Fax 7 12 87 29 (in Deutschland auch über Heide und Joachim Rau; Tel. und Fax 0 64 31/87 16); www.hoteltokur.com; 13 Zimmer, 2 Apartments ●● MASTER VISA

Hisarönü

S. 118, C 19

Reste eines ionischen Tempels liegen auf dem Pazarlıik-Hügel südlich des kleinen Ortes. Schöne Bucht mit Badestrand und Camping. Noch weiter südlich liegt das Dorf **Bozburun**, in dem türkische Holzsegelschiffe gebaut werden. Zu noch entlegeneren Dörfern, antiken Stätten (z. B. **Erine, Hydas**) und Stränden der Halbinsel südlich von Marmaris fährt man mit dem Geländewagen.

ca. 15 km südwestl. von Marmaris

Hotels/Andere Unterkünfte

Hotel Club Golden Key
Eine exklusive Ferienanlage mit Bungalows in traditionellem Baustil.
Hisarönü 48700; Tel. 2 52/4 66 63 92, Fax 4 66 60 42, www.goldenkeyhotels.com; 16 Suiten, 1 Villa; 1. April–30. Okt. Halbpension ●●●● CREDIT

Asu Han Beach Resort
Ruhig im Grünen an der weiten Bucht, geführt von der Istanbulerin Vedat Saygı.
Kerdeme mevkii Hisarönü 48706; Tel. 2 52/4 66 60 43, Fax 4 66 61 89; www.asuhan.cjb.net; 9 Zimmer ●●

Köyceğiz

S. 119, D 19

7000 Einwohner

Köyceğiz, die kleine Stadt am großen See, hat zwar heutzutage ein Dutzend Hotels und Pensionen mehr als in den Achtzigerjahren, aber noch immer den Vorzug paradiesischer Ruhe. Zeugnisse alter Kulturen überdauern in dieser arkadischen Landschaft: Felsgräber, das antike Kaunos und eine Burgruine. Und der **Köyceğiz-See** gewinnt durch das mit jeder Flut einströmende Salzwasser und durch

MERIAN-Tipp

5 Die Forellen von Yuvarlak Çay

Ein Ausflugsziel von ursprünglicher Schönheit ist das »Forellental« des Yuvarlak Çay, eine Autoviertelstunde nordöstlich von Köyceğiz, wo an und auf Plattformen über dem klaren Flusswasser getafelt wird, delikat und erschwinglich, z. B. bei Yeşil Vadi; Tel. 2 52/2 67 03 74, im oberen Tal bei Pınar Köyü, ausgeschildert.

⇢ S. 119, D 19

unterseeische Mineralquellen eine ganz eigene Qualität – »wie Seide«, loben Schwimmer das Wasser.

Natur- und speziell Vogelfreunde treffen mit etwas Glück die Lachseeschwalbe, den Graufischer und den Schlangenadler, die in den Schilfdickichten des Sees ihre Brutplätze haben, oder Störche in ihrer Baumkolonie. Mit seinen 5200 ha ist der Köyceğiz-See einer der größten Küstenseen Anatoliens. Auf Booten gelangt man durch Schilfkanäle nach **Dalyan** und weiter zum Meer.

Hotels/Andere Unterkünfte

Panorama Plaza Hotel

Direkt am Seeufer, komfortabel.
Ulucami Mah. Cengiz Topel Cad. 69; Tel. 2 52/2 62 37 73, Fax 2 62 36 33; Auskunft in Deutschland: Tel. 0 84 59/61 05, Fax 0 84 59/3 07 76; www.panorama-plaza.de ●● MASTER VISA

Sehenswertes

Amberbäume

Nur an wenigen Plätzen der Südküste wachsen sie noch: Amberbäume, deren Harz in der Pharma- und Parfümindustrie benutzt und zu Räucherwerk verbrannt wird. Die bis zu 15 m hohen Bäume werden zur Harzgewinnung in der Rinde geritzt – mit aller Vorsicht von erfahrenen Einheimischen, um sie nicht zu schädigen. Dicht bei Köyceğiz, westlich am Seeufer, findet man Amberbäume.

Service/Auskunft

Tourist Office

Kordon Gölparkı; Tel. 2 52/2 62 47 03

Dalyan

⇢ S. 119, D 19

4000 Einwohner

Vom Fischer- zum Feriendorf verwandelt hat sich ebenfalls das immer noch recht beschauliche Örtchen Dalyan, zwischen seinem langen İztuzu-Strand und dem Köyceğiz-Süßwassersee gelegen.

Jeden schönen Vormittag in der Saison fährt eine bunte Flotte aus: Die Boote der rund 150 Mitglieder zählenden Schiffer-Kooperative von Dalyan bringen Hunderte von Gästen zum feinsandigen Strand von İztuzu und holen sie am Nachmittag wieder ab. Dalyan liegt am schilfgerahmten Flusskanal, der den Köyceğiz-See mit dem Meer verbindet, eingebettet in einer grünen Talbreite gegenüber den Ruinen der antiken Stadt **Kaunos**. Blickt man zu den steilen Felswänden über dem Flusskanal hinauf, sieht man Jahrtausende alte Grabhöhlen der Lykier, mit faszinierenden Säulen und Giebeln wie Tempelfassaden gestaltet. Der wunderschöne İztuzu-Strand ist rund 5 km lang und bis auf wenige Strandhütten naturbelassen – ideal für einen Strandtag.

Dalyan bietet heute über 6000 Gästebetten – und kommt dabei ohne Großhotels aus. Sehr beliebt und heilkräftig sind die Schwefelbäder im Freien (39 °C), nördlich vom Ort gelegen und per Boot zu erreichen, mit Schlammbecken.

Anfang der Achtzigerjahre kam Dalyan in die Weltpresse, als Naturschützer die Brutplätze der Meeresschildkröten **Caretta Caretta** gegen ein großes Hotelprojekt verteidigten. Einer der Großen im Tourismusgeschäft, die Firma TUI, stellte sich in der Frühphase des türkischen Tourismusbooms an die Spitze des Protests. Das ist lange her, wirkt aber positiv nach. Eine Sympathiewelle für die »Caretta caretta«, die schon selten gewordene Art der »Unechten Karettschildkröten«, schwoll europaweit an. Denn die pflegten gerade an diesem Strand ihre Eier zu vergraben. Der übergroße Hotelbau unterblieb, stattdessen entstanden freilich viele kleinere – denn Dalyans Strand war berühmt geworden. Wächter sorgen dafür, dass der Strand zur Brutzeit nachts nicht betreten wird und Schutzzonen respektiert werden.

Hotels/Andere Unterkünfte

Asur Oteli

In Gartengrün Bungalows, ein attraktiver Swimmingpool.

Am Ortsrand, Maraş Mah. Burunucu Mevkıı; Tel. 2 52/2 84 32 32, Fax 2 84 32 44; www.asurotel.com; 34 Zimmer ●●● DINERS MASTER VISA

Essen und Trinken

Riverside Restaurant

Tafeln mit allen Sinnen: mit bester Vorspeisen-Auswahl am Flussufer, die antiken Monumente vor Augen.

Tel. 2 52/2 84 52 69; April–Sept. ●●

Service/Auskunft

Dalyan Tourism Information Office

Tel. 2 52/2 84 42 35; www.dalyan.co.uk

Ziel in der Umgebung

Kaunos

→ S. 119, D 19

Eine Akropolis über einem versumpften Hafen, die Ruinen einer antiken Stadt, von der das Theater, Marktstraßen und Stadtmauerreste (teils noch aus dem 4. Jh. v. Chr.) am besten erhalten sind. Abseits vom Autoverkehr gelegen, ist dieser stimmungsvolle Ruinenort am Dalyan-Kanal unbedingt einen Besuch wert. Der Ort lag einst am Meer, ist aber heute rund 8 km von der Küste entfernt. Sprachlich waren die Kaunier den Karern verwandt. Aber auch deren Herkunft ist umstritten: Gehörten sie der anatolischen Urbevölkerung an oder waren sie von den Kykladen in den Südwesten zugewandert?

ca. 1 km westl. von Dalyan

Tiefe Buchten und viele kleine Inseln – das malerische Landschaftsbild des Golfs von Fethiye (→ S. 60) ist einer der Glanzpunkte der Südküste.

Fethiye

S. 119, E 20

60 000 Einwohner

Die berühmteste Bucht der Türkei, das **Ölüdeniz**, ist nicht weit entfernt. Aber nicht allein darum ist Fethiye zu einem der meistbesuchten türkischen Touristenzentren geworden. Fethiye selbst hat keinen Badestrand, doch der **Fethiye Körfezi**, der über 30 km weite Golf, lockt mit Inseln, Buchten und Stränden. Bootsexkursionen sind darum eine der Hauptattraktionen. Sehr beliebt sind auch der weitläufige Basar und der Dienstag-Markt.

Die 1856 und noch einmal 1957 von Erdbeben verwüstete, danach wieder aufgebaute Stadt bietet einen freundlichen Park am Meer und pittoreske Häuser an den Hängen des Burgbergs. Unmittelbar oberhalb des Busbahnhofs ist die lykische Vergangenheit gegenwärtig, mit zweieinhalb Jahrtausende alten Felsengräbern.

An den Küsten und im Gebirge ist eine Vielzahl antiker Stätten zu finden. Wer an Grabmälern und griechischen Theatern nicht so sehr interessiert ist, kann großartige Berglandschaften kennenlernen. In den Sommermonaten sind die Almwiesen prächtig.

Hotels/Andere Unterkünfte

Ecesaray Marina & Resort

Fethiye hat sein neues Luxushotel, in einem renovierten historischen zweistöckigen Gebäude, direkt am Meer mit eigener Marina. Feines Restaurant und nicht weniger als sechs Bars, Spa und Wellness. Viele Sportangebote, einschließlich Paragliding.

1, Karagözler Mevkii 1; Tel. 2 52/ 6 12 50 05, Fax 6 14 72 05 und 6 12 50 08; www.ecesaray.net; 34 Zimmer, 14 Suiten, alle mit Meerblick ●●●● CREDIT

Hotel Daffodil

Ruhig gelegen, westlich des Stadtzentrums (weiter als der Yachthafen). Mit Schwimmbecken, Terrasse.

Fevzi Çakmak Cad. 115; Tel. 2 52/6 14 95 95, Fax 6 12 22 33; www.villadaffodil.com; 27 Zimmer ●●/●●● MASTER VISA

Spaziergang

Im kleinen Park zwischen Hafen und antikem Theater lässt das Park Çay Café Leckermäulern das Wasser im Mund zusammenlaufen: So üppig ist die Auswahl von Eis, Torten und Milchshakes. Wer gut zu Fuß ist, wandert westlich am Yachthafen und an

Die nahe Fethiye gelegene, teils von bewaldeten Felsen gesäumte Bucht Ölüdeniz gilt zu Recht als die schönste der Türkei.

MERIAN-Tipp

6 Lykischer Wanderweg

Erstmals wurde – in der Türkei noch ganz unüblich – ein »Lykischer Wanderweg« (Lycian Trail) mit rotweißen Zeichen markiert, rund 500 km lang von Fethiye bis Antalya, durch großartige Gebirgslandschaften, auch immer mit Abstecher-Möglichkeiten zum Meer. Als beste Wanderzeit empfiehlt Michael Hennemann Feb-ruar/März, in seinem Büchlein »Türkei: Lykischer Weg«, Conrad Stein Verlag 2005

einer kleinen Schiffswerft entlang zur bewaldeten Halbinsel Oyuktepe mit dem ummauerten Gelände des Letonia-Ferienareals. Dahinter ist freie Natur mit Waldgrün, das bis ans Meer reicht, und mit kleinen Badebuchten, die Yachtkapitäne gern als stille Ankerplätze bei Ausflügen wählen.

Sehenswertes

Akropolis
Nur noch geringe Reste blieben von der Burg, die im 15. Jh. wohl von Johanniterrittern auf den Fundamenten einer byzantinischen Vorgängerburg erbaut worden war.

Nekropole
Lykische Grabkammern oberhalb der Stadt, viele Treppenstufen führen zum Tempelgrab des Amyntas mit vorgesetzten ionischen Säulen und einer riesigen Grabkammer (4. Jh. v. Chr.). Die typischen lykischen Sarkophage mit dem zeltartigen Deckel findet man auch noch im Stadtgebiet. Am Nachmittag bei den Grabfassaden besonders gute Lichtverhältnisse zum Fotografieren.

Essen und Trinken

Marina Restaurant
Schon seit den 1950er-Jahren eine bewährte Adresse. Zu empfehlen sind vor allem einheimische Gerichte und Fischspezialitäten.
Kordon Boyu; Tel. 2 52/6 14 11 06 ●● CREDIT

Service/Auskunft

Turizm Danışması
İskele Meydanı; Tel. 2 52/6 14 15 27

Zwölf-Insel-Tour
In der Saison von Mai bis September Abfahrt tgl. um 9, 9.30 und 10 Uhr, mit Essen und mehreren Insel-Aufenthalten. Sehr beliebt, oft ist ein halbes Dutzend Schiffe mit mehreren Decks unterwegs.

Ziele in der Umgebung

Kaya Köyü (Karmylassos)

→ S. 119, E 20

Ein seit 1923 verlassenes Bergdorf – eine Geisterstadt, auch zu Fuß von Fethiye oder von Ölüdeniz zu erreichen. Neuerdings siedeln sich wieder Kleinbauern und Imbisswirte dort an. Ein Teil des Geländes wurde zum Museumsbereich deklariert, organisierte Ausflüge werden angeboten. Vorgelagert ist die Insel Gemile mit den Ruinen einer byzantinischen Stadt. Wanderwege, teils steil, führen von Kayaköyü durch das waldige Bergland.
ca. 8 km südöstl. von Fethiye

Ölüdeniz

→ S. 119, E 20

Nur sehr früh am Morgen ist man hier mit der Natur allein – aber auch der organisierte Badebetrieb hat den Zauber dieser von bewaldeten Felsen umsäumten Bucht nicht gebrochen. Sie wurde zum Naturschutzgebiet erklärt, Hotelneubauten sind seit Jahren nicht mehr erlaubt. Zum nördlichen Strand zahlt man Eintritt. Am südlichen Strand gibt es Campingmöglichkeit, Surfbrett- und Bootsverleih, Paragliding und Wasserski.
ca. 8,5 km südöstl. von Fethiye

Die Südküste

Traumhafte Strände, spektakuläre Natur und eine versunkene Stadt– so vielseitig ist der Süden!

Die archäologische Attraktion im Golf von Kekova (→ S. 65) sind die Reste einer Stadt im flachen Wasser. In manchen Booten gibt's einen Glasboden zur besseren Sicht.

Ein Paradies für Sonnenhungrige, Segler, Taucher, Schnorchler, aber auch für Kinder, Kletterer und Archäologie-Fans: So ist die türkische Südküste und ihr Zentrum Antalya zu erleben, die Küste, an der schon die Ägypterin Kleopatra mit ihrem römischen Freund Antonius badete. Zu den schönsten Buchten und Bergen, Stränden und Wäldern um Kalkan, Kaş, den Olympos-Nationalpark und Antalya führen die folgenden Seiten.

Kalkan

⇢ S. 119, F 20

3600 Einwohner

Obstgärten an den Berghängen über dem Ort, steile Gassen mit weißen Häusern und der Blick auf felsige Bergflanken beiderseits der Meeresbucht – Kalkan zeigt das Wunschbild eines kleinen mediterranen Hafenorts und hat im Sommer wohl mehr Touristen als Einwohner. Bislang noch keine überdimensionierten Großhotels, dafür Terrassen- und Dachgartenrestaurants, Pensionen und viele attraktive Läden und Lädchen. Auswahl unter mehreren Silberschmieden, z. B. Halit Ada, Just Silver. Die Fernstraße Fethiye-Antalya führt oberhalb von Kalkan hoch am Gebirgshang vorbei.

Hotels/Andere Unterkünfte

Pirat Hotel
Postmodern gestaltet, direkt am Hafenbecken
Yalıboyu Mahallesi; Tel. 2 42/8 44 31 78, Fax 8 44 31 83; www.hotelpirat.net; 126 Zimmer und 10 Suiten ●●● MASTER VISA (kleine Hunde)

Zinbad (Sindbad) Hotel
Nah am Hafen gelegen, von Deutschen geleitet. Sehr großzügig angelegte Dachterrasse.
Yalıboyu Mahallesi 18; Tel. 2 42/8 44 34 04, Fax 8 44 39 43; www.zinbadhotel.com ●●● AmEx MASTER VISA (kleine Hunde)

Hotel Ekinhan
Meerblick von allen Zimmern, in ruhiger Umgebung, Restaurant am Swimmingpool. 15 Min. zu Fuß zur Marina.
Ekinhan, Kalamar Yolu 104; Tel. 02 42/8 44 10 50, Fax 8 44 10 53; www.ekinhan.net; 14 Zimmer ●●

Essen und Trinken

Korsan Restaurant
Bereits seit 1979, gute türkische Küche, attraktive »mezeler«-Auswahl.
Nah am kleinen Stadtstrand; Tel. 2 42/8 44 36 22 ●●●

Service/Auskunft

www.kalkan.org.tr

Ziele in der Umgebung

Kaputaş-Strand

⇢ S. 119, F 20

Direkt unter der am Berghang geführten Hauptstraße liegt ein kleiner, sehr schöner Strand am Ausgang eines kleinen schmalen Canons, mit Treppe zugänglich, in der Saison oft überfüllt. Noch 2 km weiter westlich erreicht man die **Blaue Grotte** (Mavi Mağara) – nur mit Boot oder schwimmend, der Abstieg von der Straße ist extrem steil. Attraktives Ziel wegen des Lichteffekts des blau durchleuchteten, klaren Wassers. Vorsicht bei Wellengang, Schwimmer verletzen sich oft an scharfkantigem Fels.
Dolmuş-Verkehr von Kalkan; ca. 5 km östl. von Kalkan

Patara

⇢ S. 119, E 20

Durch ein kleines Flusstal mit griechisch-römischen Ruinen, die teils unter Sanddünen verschwunden sind, kommt man an den schönsten Strand der Türkei: breit, feinsandig und kilometerlang. Dank frühzeitiger Einstufung als Schutzgebiet blieb der Patarastrand frei von Hotelbauten –

MERIAN-Tipp

7 Die Steilwand von Pınara

In wildromantischer Felslandschaft und nur über eine Serpentinenpiste erreichbar liegt die lykische Ruinenstadt Pınara. Das Theater und das reliefgeschmückte »Königsgrab«, vor allem aber die 450 m hoch über die Stadt ragende Steilwand mit über hundert heute unzugänglichen Grabhöhlen sind unvergessliche Eindrücke. Das Alter der längst verlassenen Stadt ist ungeklärt.

ca. 40 km nördl. von Kalkan, Abzweig von der Straße nach Fethiye ausgeschildert → S. 119, E 20

die drängen sich im gleichnamigen Ort, der aber eigentlich Gelemiş heißt, ein Stück landeinwärts, größtenteils ohne Genehmigung und ästhetischen Sinn als Schwarzbauten aufgeführt. Abriss-Verfügungen sollen den Eignern geschickt worden sein.
ca. 11 km westl. von Kalkan

Hotels/Andere Unterkünfte

Hotel Merhaba
Auf einem Waldhügel abseits vom Ort Patara gelegen, nah dem Strand und den antiken Ruinen, mit hervorragender Küche.
Gelemiş Köyü, PB 23 Kaş/Patara; Tel. 242/8435199, Fax 8435133; www.merhabapatara.com; 14 Zimmer
●● MASTER VISA

Sehenswertes

Archäologisches Gelände
Ausgedehntes, teilweise überwachsenes Gelände, das antike Theater ist großenteils vom Dünensand überdeckt. Gründer der Stadt war nach legendären Überlieferungen ein Sohn Apollons oder ein Seeräuber. Apollon-Orakel, ähnlich wichtig wie auf der Kykladen-Insel Delos. Interessante Bauwerke sind das dreibogige Triumphtor, Bäder, mehrere Tempelruinen und eine byzantinische Basilika. In der Nekropole lykische Gräber. Auf dem Akropolishügel Reste eines Athena-Tempels – und der beste Rundblick. 1996 sind Ausgrabungen begonnen worden.

Patara-Strand → S. 119, E 20

Breit, feinsandig, fast schattenlos und sommers so heiß, dass die meisten nicht ohne Schuhe und Kopfbedeckung auskommen. Da hier Meeresschildkröten Eier legen, sollte man gesperrte Zonen respektieren. Der übliche Urlaubsstrandbetrieb entfällt größtenteils, auch wenn Sonnenschirme ausgeliehen werden und ein paar Erfrischungen zu haben sind. Rund 14 km geben denen eine Chance, die meditative Stille suchen. 4
Geöffnet 7.30–19 Uhr; ca. 12 km westl. von Kalkan

Saklıkent-Cañon

→ S. 119, F 20

Die Saklıkent-Schlucht im Akdağı-Gebirge – Spaß oder Abenteuer? Bis zu 300 m tief haben Schmelzwasser und das Wasser aus mehreren starken Quellen einen Cañon in den Fels gegraben, erst vor etwa 20 Jahren ist der Zugang zu diese Wildwasserschlucht des **Eşen Çay** (Eisen-Fluss) – eine der größten der Türkei! – begehbar gemacht worden.

An Freiluftrestaurants vorbei kommt man zum Eingang der Schlucht, kann auf Holzstegen entlang der Steilwände über dem auch im Sommer sehr kalten, tosenden Wasser zu einem Quellkessel mit Lokanta-Tischen wandern. Weit legt man den Kopf in den Nacken, um die Ränder der Felswände und darüber den Streif Himmelblau zu sehen. Im Frühjahr nach der Schneeschmelze in den Bergen ist der Cañon kaum begehbar. Auch bei heftigen Regenfällen im Herbst darf er nicht betreten werden, denn der Wasserspiegel kann schnell ansteigen. Eine Reisegruppe, erzählt man, sei trotzdem bei den Restaurants weiter in den Cañon gegangen, und wenig später habe man Taschen, Hüte und Filmausrüstung auf den Fluten gesehen. Helfer fanden die Touristen dann kleinlaut und durchnässt, aber wenigstens auf Felsen gerettet. Die rund 20 km lange Cañon-Strecke zu erwandern ist wegen der vielen Felshindernisse auch bei gutem Wetter schwierig (Gummischuhe im Verleih).

Vom unteren Ende der Schlucht an ist der Eşen Çay auch im Sommer für kleine Boote schiffbar. Kanufahrten werden organisiert, bei denen man von der Straßenbrücke bei Kınık bis ans Meer paddelt, zum naturgeschützten Patara-Strand. Wer in der leichten Strömung kentert, hat rasch wieder Boden unter den Füßen – der Fluss ist in der Regel nicht tief.

ca. 35 km nördl. von Kalkan

Kaş und Kekova-Bucht

⇢ S. 119, F 20

15 000 Einwohner

Zum Baden ist diese Landschaft der Inseln und ungezählten Buchten ideal. Zur Schönheit der Natur kommt noch der Reichtum an antiken Resten um die **Insel Kekova**. Einer der attraktivsten Bootsausflüge der Südküste führt von Kaş, Demre oder – kürzeste Wasserfahrt – von Üçağız zur Insel Kekova und zu antiken Stätten. Die versunkene Stadt **Sualtı Sehir**, eine mittelalterliche Burg über dem Ort **Kaleköyü** und lykische Sarkophage sind zu bewundern. Um dieses kleine türkische Atlantis zu besichtigen, kann man auch eine Fahrt auf einem Glasbodenschiff (von Kaş aus) oder mit einem Glasbodenboot (von Üçağız aus) buchen.

Kaş selbst, einem mächtigen, macchiabewachsenen Gebirgshang vorgelagert, hat eine reizvolle kleine Altstadt, Strände aber nur auswärts auf einer lang gestreckten Halbinsel.

Der Ort Kalkan (→ S. 63) bei Kaş liegt in einer von Berghängen umsäumten Bucht.

Gute Tauchreviere in der schönen, waldgrün umrahmten Bucht mit der vorgelagerten griechischen Insel Meis (gr. Kastellorizon)! Auch archäologische Erinnerungen an die antike Stadt Phellos sind zu finden, ein wohlerhaltenes kleines Theater, Felsgräber und Sarkophage.

Auf dem Festland um die Kekova-Bucht ist der schönste Platz das kleine Dorf **Kale**, das unmittelbar an das Ruinengebiet des antiken Ortes Simena angrenzt und es pittoresk überwachsen hat. Man kann vorzüglichen Fisch essen und sich innerhalb der Burgmauern ein mit nur sieben Sitzreihen ausgestattetes antikes Theater ansehen.

Im innersten Teil der Kekova-Bucht liegt das winzige Dorf **Üçağız**, östlich davon das antike Theimiussa, mit Grabinschriften und einem auf 30 m Länge in den Uferfels gehauenen antiken Landungskai. Einige Gräber tragen Inschriften in der Sprache der Lykier, die hier das ältere Heimatrecht hatten.

Empfehlenswert für eine kleine Stärkung: das Restaurant Koç in Üçağiz. Bereitwillig erzählt der Wirt von den Goldbarren, die von den Lykiern den Toten in die Gräber gelegt, leider aber später von Räubern gestohlen worden seien.

Die Rundfahrtschiffe werfen die Anker auch immer wieder zu Badepausen. In der Aquariumsbucht sprudeln unterseeische Quellen. Eine besondere Attraktion ist eine mit kleinen Booten befahrbare Felsgrotte, eine der größten an der ganzen Südküste. Achtung: Bei den unterseeischen Mauerresten der »Versunkenen Stadt« vor der Inselküste ist das Baden untersagt.

Hotels/Andere Unterkünfte

Hera Hotel

Im Zentrum von Kaş, mit Privatstrand, drei Restaurants, Swimmingpool, Hamam, Jakuzzi und Sauna, Fitnessraum, Internet.

Hükümet Cad. 69, Kücükçakıl Mevkii
07580, Kaş; Tel. 2 42/8 36 30 64,
Fax 8 36 30 63; www.herahotel.com;
46 Zimmer und Suiten ●●● MASTER VISA

Die Kekova Pansyon in Ücağiz ist empfehlenswert (man spricht aber nicht deutsch, Vermittlung über Koçlar Travel Agency) ●●.

Essen und Trinken

Balık Restaurant

Mehmet und Fatih Koç, Fisch-Spezialitäten. Fahrten mit dem Glasboot (gläserne Tischplatten, Umkleidekabinen, Bar) zur versunkenen Stadt.
Tel. 2 42/8 74 20 80

Service/Auskunft

Koçtar Travel Agency

Yasin und Petra Koç, Cumhuriyet
Cad. 18/2, Kaş; Tel. 2 42/8 36 36 90,
Fax 8 36 36 91, E-Mail: info@koclar-travel-kas.com; April–Nov.

Olympos/Phaselis

S. 120, A 24

Im rund 700 qkm großen Olympos-Nationalpark (Olimpos Beydağları Sahil Milli Parkı, höchster Gipfel 3069 m) lockt das wunderschöne Waldtal der antiken Stadt Olympos mit romantisch überwachsenen Ruinen und großartiger Meeresbucht unter Felswänden, benachbart dem Dorf **Çıralı** mit vielen Pensionen (z. B. Yavuz-Pension, strandnah, Tel. 2 42/8 25 70 21). Zu Fuß erreichbar am Berghang (ca. 1 Stunde): die »Chimära«, Erdgasflammen, die aus Bergspalten brennen und in der Antike als Feuer speiendes Ungeheuer gefürchtet wurden. Zu einigen Stränden werden Bootsfahrten angeboten.

5

Etwa 10 km nördlich lohnt der Abstecher zur bewaldeten Halbinsel Phaselis. In der Antike eine Hafenstadt mit drei Buchten, als Ruinen überdauerten Amphitheater, Agora, Thermen, Aquädukt und Sarkophage.

Griechische Besiedlung um 690 v. Chr., später ägyptische und römische Herrschaft. Bademöglichkeit, beliebter Picknickplatz, keine Unterkunft.
Archäologischer Bezirk: tgl. 7.30–19 Uhr, im Winter verkürzte Öffnungszeiten; ca. 90 km östl. von Kaş

Hotels/Andere Unterkünfte

Olympos Lodge
Verwöhn-Quartiere in gepflegtem Park am Meer, mit Kunstwerken und Pfauen. 13 Bungalows. Vorzügliche Küche! Der Chef spricht Deutsch.
Çıralı-Kemer, P.O. Box 38, Antalya; Tel. 2 42/8 25 71 71/-72, Fax 8 25 71 73; www.olymposlodge.com.tr; 13 Zimmer ●●●●

Azur Hotel
Im dörflichen Gartengrün von Çıralı. Die Eigner Ilse und Ahmet Altıntaş führen auch Wandertouren ihrer Gäste.
Tel. 2 42/8 25 70 72, Fax 8 25 70 76; www.antalya.de/divers htm/wandern. htm; 8 Zimmer MASTER VISA

Antalya

→ S. 120, B 23

600 000 Einwohner
Stadtplan → S. 69

Großes ist gelungen im bisher größten touristischen Entwicklungsprojekt der Türkei. Antalyas Altstadt (Kaleiçi) wurde vor Verfall und Kahlschlag-Sanierung bewahrt, der Industriehafen nach auswärts verlagert, an den langen Stränden südlich und östlich der Stadt entstanden neue Ferienzentren, am Flughafen neue Start- und Landebahnen und im Hinterland drei attraktive Nationalparks. Kemal Atatürks Antalya-Lob »Ohne Zweifel die schönste Stadt der Welt!« ist immer noch geblieben, was es schon in den 1930er-Jahren war: eine nur geringfügige Übertreibung.

Im Jahr 2000 zählte Antalya rund 600 000 Einwohner (Mitte der 1960er-Jahre erst 50 000). Der drastische Wachstumsschub hat den Herzraum der Stadt erstaunlich wenig verändert (Neubauviertel drängen ins Hinterland, immer neue Hotelkomplexe wachsen östlich vom Lara-Strand). Nicht umsonst scheint die Sonne über den Palmenalleen dieser Stadt an 300 Tagen im Jahr.

Hotels/Andere Unterkünfte

Wir nennen vor allem Adressen in der Altstadt – ruhig gelegen und gut geeignet, von hier aus Antalya kennenzulernen. Auch Billigquartiere finden sich noch.

Lara Oteli → S. 69, südöstl. c 3
Strandhotel mit Komfort und Sportangebot, 11 km östlich vom Zentrum.
Lara Yolu P. K404; Tel. 2 42/3 49 29 30, Fax 3 49 29 36; www.laraotel.com; 72 Zimmer (Halbpension) ●●● MASTER VISA

Perge Oteli → S. 69, südl. c 3
Wer Meerblick, makellosen Service, gute Küche und großzügige Räume liebt, ist im »Perge« richtig. Klimaanlage winters auch als Heizung. Eigene Badestelle.
Perge Sok. Nr. 5 (am Karaalioğlu-Park); Tel. 2 42/2 44 00 25, Fax 2 41 75 87; www.pergehotel.mynet.com; 22 Zimmer und 2 Suiten ●●● MASTER VISA

Bagana Horse Club
→ S. 120, A 23
Acht klimatisierte Bungalows für Reiter/innen in Gartenambiente, mit Restaurant nah bei Termessos.
Tel. 2 42/4 25 20 44, Fax 4 25 20 55; www.baganahorseclub.com; 7 Zimmer ●● MASTER VISA

Tütav Türk Evi Otelleri
→ S. 69, B 2
Entstanden aus drei restaurierten osmanischen Häusern, in schönster Altstadtlage mit imposantem Ausblick, Schwimmbecken.
Mermerli Sok. 2, 070100 Kaleiçi/Anatalya; Tel. 2 42/2 48 65 91, Fax 2 41 94 19; www.turkeviotelleri.com; 20 Zimmer ●● AmEx MASTER VISA

Sibel Pansiyon ⇢ S. 69, b 3
Ruhig in der Altstadt, sehr freundlich, mit Klimaanlage und Garten.
Fırın Sok. Nr. 30 (Kesik Minare Civarı); Tel. 2 42/2 41 13 16, Fax 2 41 36 56; 10 Zimmer, davon zwei 4-Bett-Zimmer ●/●● (kleine Hunde)

Spaziergang

Verabreden Sie sich mit Ihren Freunden auf der schönsten Teeterrasse der Türkei, die über dem Felsenhalbrund des alten Hafens gelegen ist. Vorbei am Atatürk-Denkmal und dem lachsroten Yivli Minare (kanneliertes Minarett), dem Wahrzeichen Antalyas, gelangt man in den Basar. Südlich über die Atatürk Cad. erreicht man alternativ das Hadrians-Tor. Von dort aus lohnt sich ein gemütlicher Bummel durch die Altstadt – und zum Abschluss noch ein Abstecher südlich zu den Teegärten im Karaalioğlu-Park.

Sehenswertes

Hadrians-Tor ⇢ S. 69, c 2
Dreibogiges Ehrentor mit korinthischen Säulen, anlässlich des Kaiserbesuchs 130 n. Chr. erbaut – man erahnt den einstigen Reichtum der antiken Stadt und sieht zugleich das heute 2–3 m höhere Straßenniveau.
Atatürk Cad.

Kesik Minare ⇢ S. 69, b 2
Das »abgeschnittene Minarett« war ursprünglich eine byzantinische Kirche (5. Jh. n. Chr.), die im 13. Jh. in eine Moschee umgewandelt wurde.
Kebabçı Sok.

Murat Paşa Camii ⇢ S. 69, nördl. a 1
Eine Moschee aus dem 16. Jh. mit schönem Kachelschmuck.
Kazim Özalp Cad.

Yivli Minare ⇢ S. 69, b 2
Das »kannelierte Minarett«, vom Seldschukensultan Alâ üd-Din Keykubat zwischen 1219 und 1238 erbaut, ist heute Wahrzeichen der Stadt: Die dazugehörige Moschee ist verschwunden. In der Nachbarschaft befindet sich die Karatay Medrese (Koranschule) und die achteckige Pyramide, die als Mausoleum des Zincirkıran Mehmed Bey 1250 erbaut wurde (Ausstellungen).
Tgl. 8–12 und 13.30–17 Uhr

Museen

Antalya-Museum ⇢ S. 69, westl. a 2
Eine der bedeutendsten archäologischen Sammlungen der Türkei – von der Steinzeit bis in die römische Antike, dazu Ikonen und Osmanisches. Neu gestaltet: interaktive Beleuchtung und Kaisersaal. 6
Am Westende des Konyaaltı Bulvarı; Di–So 9–18 Uhr

Kaleiçi-Museum ⇢ S. 69, b 2
Stadtmuseum in vorbildlich restaurierten Gebäuden, mit Keramik, Münzen, Waffen, auch Kaffeehaus- und Hochzeitsszenen, gestiftet von Suna und İnan Kıraç. Museumsladen und Cafeteria.
Barbaros Mah., Kocatepe Sok. 25; Do–Di 9–18 Uhr

Essen und Trinken

Marina Restaurant ⇢ S. 69, b 2
Restaurant des gleichnamigen Edel-Hotels oberhalb vom Yachthafen.
Mermerli Sok.; Tel. 2 42/2 47 54 90; www.marinaresidence.com ●●●● AmEx MASTER VISA

Yedi Mehmet ⇢ S. 69, westl. a 2
Typisch türkisch, mit langer Tradition am Konyaaltı Strand gelegen, wo in den 1990er-Jahren ein neues Stadtviertel wuchs.
Hasan Subaşı Kültür Parkı, Konyaaltı Cad.; Tel. 2 42/2 38 52 00; 12–24 Uhr ●●● MASTER VISA

Arkada ⇢ S. 120, B 23
Ausflugslokal bei den Düden-Wasserfällen im Flusstal. Forellen aus eigener Zucht, vernünftige Preise.
Vom Parkplatz 5 Min.; Tel. 2 42/2 42 16 16 ●●

Gül Restaurant → S. 69, c 2

Das Restaurant ist ein Treffpunkt der Antalya-Deutschen. Es wird von einem türkisch-bayerischen Ehepaar geführt und ist sehr liebevoll rustikal ausgestattet. Schöner Gartenhof an der Stadtmauer. Viele interessante Spezialitäten.

Barbaros Mah., Kocatepe Sok. 1; Tel. 2 42/24 75 12; Mo–Sa 12–23, So 17–23 Uhr ●●

Magic Mountain → S. 69, südwestl. a 2

Ein wirklich großartiges Aussichtserlebnis im Drehrestaurant über die Stadt und umliegende Küste (670 m).

Tünektepe, etwa 8 km westl., Zufahrt von der Küstenstraße am südwestl. Ortsausgang von Antalya; Tel. 2 42/2 43 39 31, Fax 2 44 02 50; auch Hotel, April–Okt. ●●

Einkaufen

Der alte Basar im Stadtzentrum gleich gegenüber vom Uhrturm wurde wenige Straßen weiter nördlich verlagert, auf den ehemaligen Fernbusbahnhof. Das Gassenlabyrinth gegenüber vom Uhrturm lohnt aber trotzdem noch immer den Besuch. Textilien und Lederwaren bieten Läden an der Cumhuriyet Cad., der Atatürk Cad. und am Konyaaltı Bulvarı. Beliebte Mitbringsel sind verschiedene eingelegte Früchte und Konfitüren.

Am Abend

Ein beliebter Treffpunkt für abendliche Aktivitäten ist der **Yachthafen** mit seinen vielen Restaurants und Bars. Im neuen **Kulturzentrum** oberhalb vom Konyaaltı-Strand werden regelmäßig Konzerte und Theateraufführungen veranstaltet.

Hier kommt Ferienstimmung auf: Der schöne Ausblick von einer Restaurantterrasse über den kleinen Yachthafen von Antalya.

Club Arma → S. 69, b 3
Open-Air-Edeldisco in restaurierter Karawanserei mit Restaurant über dem Yachthafen.
Anafartalar Cad.; Tel. 2 42/2 47 76 60

Kültür Sinemaları/Kino → S. 69, c 3
Ausländische Filme werden oft in der Originalsprache mit türkischen Untertiteln vorgeführt.
Atatürk Cad.; Tel. 2 42/2 41 62 39

SERVICE/AUSKUNFT

Tourist Information → S. 69, a 2
Cumhuriyet Cad., THY Yanı, Özel İdare İş-Hanı; Tel./Fax 2 42/2 41 17 47 und 08 00/5 11 07 07-08; tgl. 8–19, im Winter 8–17 Uhr

Türkisches Bad
Demirhan, Anafartalar Cad.; Tel. 2 42/2 43 61 96 und 2 47 58 59

Verkehr
Busbahnhof (Otogar)
Im Norden Antalyas für Fernverkehr
Anadolu Kavağı; Tel. 2 42/3 31 12 50

Flughafen
Tel. 2 42/3 30 36 00 (International)
Tel. 2 42/3 30 30 30 (Domestic)

Turkish Airlines (THY)
Cumhuriyet Cad., Özel İdare İş-hanı; Tel. 2 42/2 43 43 83, Fax 2 48 47 61

Turkish Maritime Lines
Akça Denizcilik Tic.; Koll. ?ti. Evren Apt. 49/19; Tel. 2 42/2 41 11 20, Fax 2 41 77 74

Yachthafen
Turban Antalya Kaleici Marina
Tel. 2 42/2 59 12 12, Fax 2 43 47 54

Ziele in der Umgebung

Karain-Höhlen → S. 120, B 23

Großes Höhlensystem mit interessanten Knochenfunden. Seit 1946 im Fokus der Archäologen.
ca. 25 km nordöstl. von Antalya

Kemer → S. 120, B 24

Über hundert Hotels, davon etliche in der Fünf-Sterne-Kategorie, Feriendörfer, Campingplätze, Pensionen und noch immer neue Baustellen – das ist Kemer. Auf einer schmalen Landzunge ist der Yörük-Park zu besichtigen, ein Nomadenlager mit Hochzeitsnacht-Zelt und Nomaden-Drinks. Jüngeren Datums ist der Trekkingpfad vom Dorf **Soğukpınar** bei Kemer auf den über 2000 m hohen **Tahtalı Dağı**, eine Wanderung mit immer neuen, hinreißend schönen Ausblicken auf die blaue Meeresweite. Lange Strände und viele touristische Einrichtungen bieten auch die südlichen Nachbarorte **Çamyuva** und **Tekirova** und nördlich **Beldibi**.

ca. 42 km südwestl. von Antalya

Köprülü-Kanyon-Nationalpark

→ S. 120, B/C 22

14 km lang und bis zu 700 m tief ist die Schlucht des Köprü-Flusses unter dem Dedegöl-Gebirge (bis 2992 m hoch). Glasklares, fischreiches Wasser, Wanderwege, seltene Pflanzen, Karsthöhlen. Zwei Brücken über den Fluss und die Ruinen der Stadt Selge (beim Dorf Altınkaya) stammen noch aus griechisch-römischer Zeit. Auf dem Fluss ist Rafting möglich.

ca. 75 km nordöstl. von Antalya

Perge

→ S. 120, B 23

Interessantes Ruinengelände der wohl um 1000 v. Chr. von Griechen gegründeten Stadt. Die Agora, der Markt- und Versammlungsplatz der Stadt, wurde rekonstruiert, indem die Archäologen umgestürzte Säulen auf erneuerte Säulenbasen stellten. Eine lange Kolonnade wurde freigelegt, mit Räumen für Läden hinter den Säulenreihen und Resten von Mosaikpflaster. Sehenswert: das doppeltürmige Tor mit hufeisenförmigem Hof.

Außerhalb der Stadttore befindet sich das in römischer Zeit umgebaute Theater, das etwa 10 000 Zuschauer fasste.

Tgl. 8–19, im Winter bis 17.30 Uhr;
ca. 18 km nordöstl. von Antalya

Saklıkent

→ S. 120, A 23

Von Januar bis April ist Skisaison: Auf 2000 bis 2200 m Höhe im Beydagları-Gebiet, mit Hotels, Pensionen, Motel. Ausflüge werden von Antalya aus organisiert. Wenn es auch nur wenige Lifte gibt, bietet Saklıkent doch an manchen klimatisch günstigen Tagen eine Kombination, mit der alpine Skiorte nicht konkurrieren können: vormittags Skilaufen, nachmittags am Strand – oder umgekehrt.

ca. 50 km westl. von Antalya

Termessos

→ S. 120, A 23

Kein schönerer Platz für ein Amphitheater als dieser auf einem Gebirgssattel mit großartigen Ausblicken! Die antike Ruinenstadt auf 1050 m Höhe widerstand 333 v. Chr. dank ihrer Steillage und dem Mut der pisidischen Bewohner sogar Alexander dem Großen. Zahlreiche Bauten sind noch erkennbar, der Bergwald hat die große Nekropole überwachsen. Heute dem Nationalpark **Güllük Dağı** zugehörig, am Eingang Information und einfaches Restaurant.

ca. 34 km nordwestl. von Antalya

Theater von Aspendos (Belkis)

→ S. 120, C 23

Das besterhaltene Theater der Antike westlich von Syrien – mit 30 m hoher Wand des Bühnengebäudes, Arkaden über den 40 Sitzreihen und noch erkennbar durchbohrten Blöcken zur Befestigung von Sonnensegeln (erbaut im 2. Jh.). Außerdem Reste u. a. einer Markthalle, eines Stadions und eines kilometerlangen Aquädukts. Heutzutage wird das Theater mit großem Erfolg für Opern- und Konzertabende genutzt. Bei Vollmond am schönsten!

ca. 51 km östl. von Antalya

Im fernen Osten und Südosten

Hochgebirge, größter See, Burgen, Moscheen – und Sehnsuchtsgesänge aus dem Bus-Radio.

Die Fernstraßen zwischen den städtischen Zentren Ostanatoliens sind längst gut ausgebaut. Abseits davon kommt man zu Pferd oft besser voran.

Reisen ist im türkischen Fernost oft noch mühselig, wegen der langen Strecken und des eingeschränkten Komforts. Andererseits: Für den Freund weiträumiger, fast menschenleerer Landschaften mit großartigen Gebirgsmassiven, ungezähmten Strömen und rätselhaften Monumenten aus mehreren Jahrtausenden anatolischer Geschichte gibt es in Europa sonst nirgends etwas Vergleichbares. Bitterkalt und extrem schneereich sind die Gebirgswinter – bis zu vier Monate lang meterhoher Schnee, bis zu sieben Monate Frost.

Im Kontrast dazu: Im türkischen Südosten, der lange gemeinsame Grenzen mit Syrien und dem Irak hat, sind die Sommer wüstenhaft heiß. Der türkische Staat hat an den Oberläufen von Euphrat und Tigris – türkisch: **Fırat** und **Dicle** – eines der weltweit größten Staudamm-, Energie- und Bewässerungsprojekte verwirklicht. Nicht zur Freude der Nachbarn im syrischen und irakischen Zweistromland, die um ihre eigene Wasserversorgung fürchten. Doch der großenteils armen Bevölkerung im fernen Osten der Türkei verheißt das »**Südostanatolien-Projekt**« bessere Ernten, preisgünstige Energie, Arbeitsplätze für fast zwei Millionen Menschen, wirtschaftlichen Aufschwung (welcher seit der Verwirklichung des Damms allerdings noch nicht eingesetzt hat).

Wir stellen sieben Hauptorte in dem riesigen Gebiet vor: zwischen syrischer Grenze und der Küste des Schwarzen Meers, zwischen Kappadokien und dem Ararat, dem höchsten Gipfel der Türkei.

Nemrut Dağı

→ S. 112, B 7

Von allen Ruinenstätten Ostanatoliens fasziniert dieser 2100-m-Gipfel im Nemrut-Dağı-Nationalpark am 7 stärksten. Die Statuenköpfe von Menschen und Adlern am Fuß des künstlich aufgeschütteten Geröllkegels bleiben rätselhaft – auch wenn man weiß, dass unter dem Gestein König Antiochos I. von Kommagene begraben liegt, einem Reich, das heute kaum noch in den Schulbüchern erscheint. Vielleicht waren hier im 1. Jh. n. Chr. die Täler und Hänge noch waldgrün, heute sind sie weit und breit braungrau und kahl. Die großen Handelswege, die damals in der Nachbarschaft von Syrien zur Ägäis führten, haben sich verlagert und laufen nun über Gaziantep und Şanlıurfa.

Eine Brücke zwischen Orient und Abendland war das Reich von Kommagene, Perser und Griechen trafen sich hier, 78 n. Chr. schlugen es die Römer dann zu Syrien. Bei der Auffahrt von **Adıyaman** und **Kâhta** sieht man auf antike Säulen gestellte Statuetten von einem Adler und einer Männergestalt und quert einen Nebenfluss des Euphrat auf einer Brücke aus römischer Zeit. Dann eine Felsburg, primitive Eisenerz-Schmelzöfen, ein Relief, das Antiochos und Herakles, den König und den Halbgott, beim Handschlag darstellt. Nur wenig später ließen sich die römischen Kaiser dann selbst als Götter verehren.

40 km können lang werden, von Kâhta nahe heran an den Gipfel, Ungeübte haben es schwer mit der Straße – die ist neu, aber vom Dorf **Karadut** an ist der letzte 12-km-Abschnitt im Winter geschlossen. Drei Terrassen erheben sich um den Gipfel: eine fast gänzlich zerstörte im Norden, eine im Westen, wo die mannshohen Köpfe der Statuen noch in die Landschaft schauen, die Leiber aber zerbrochen am Boden liegen, und eine im Osten, vor den Resten eines zur aufgehenden Sonne gerichteten Tempels. Auf dieser Ostterrasse fehlen die meisten Köpfe, sie sind wohl in den Abgrund gerollt, aber die Leiber sitzen noch auf ihren Thronen, Löwe und Adler hocken an ihren Seiten. Die Statuen waren die des Apoll-Mithras-

Helios, der Landesgöttin Kommagene, des Zeus, des Antiochos und des Herakles.

Bei den monumentalen Köpfen auf der Westterrasse blicken die Besucher gegen Abend in die orangerot untergehende Sonne. Die Erde scheint nur ein im Weltall kreisender Stein zu sein. Der Blick reicht Hunderte von Kilometern weit, aber er trifft auf keinen Strauch und keinen Baum. Weit und breit gibt es nur diese faszinierenden Statuen.

Eines Tages wird man sie gegen Abgüsse auswechseln müssen, denn den Touristen lässt sich weniger leicht standhalten als den Jahrtausenden. Jeder, der unerlaubt, aber leider oft ungehindert, auf die Spitze des Hügels hinaufklettert, stößt wieder einige der runden Euphrat-Kiesel in den Abgrund.

In der Nacht nehmen sich jene, die nicht nach Kâhta oder Adıyaman zurückgekehrt sind, Zeit für einen Blick zum Sternenhimmel. Über der Dunkelheit sehen sie ein in Mitteleuropa stets zivilisationsüberstrahltes Wunder: das All im Glanz von Tausenden von Sternen.

Hotels/Andere Unterkünfte

Hotel Kervansaray

Im Dorf Karadut (Luftlinie knapp 5 km vom Nemrut-Dağı-Gipfel); bietet Schlichtzimmer in einer Architektur, die einer alttürkischen befestigten Handelsstation, dem Han, nachempfunden ist.

Nemrut Daği Karadut Koyu, 02446 Kâhta Adıyaman; Tel. 4 16/7 37 21 90; E-Mail: hotelkervansaraymountnemrut@mynet.com; 20 Zimmer •

Service/Auskunft

(In Kâhta: 61 000 Einw.)

Tourist Information Office

Mustafa Kemal Caddesi, gegenüber dem Hotel Bardakçı; Tel. 4 16/7 25 50 07; in Kâhta mehrere einfache Hotels und Restaurants

Diyarbakır

S. 112, C 7

1 000 000 Einwohner

Die Anreise: Steppenlandschaft, von wenigen Straßen durchzogen, hin und wieder Schafherden und ihre Hirten in fast viereckigen Filzmänteln mit extrabreiten Schultern, Getreidefel-

Surreal mutet das Königsgrab auf dem Nemrut Dağı weitab der Stadt Adiyaman mit seinen überlebensgroßen, teils zerbrochenen Statuen an – ein Ort wie kein anderer.

der, dann der langsam und breit strömende Fluss **Tigris**. Über dem Fluss: riesige steile Basaltmauern, die noch auf Römerzeiten zurückgehen. Arabische Dynastien herrschten lange, im 11. Jh. Seldschuken, zeitweilig auch Mongolen und seit dem 15. Jh. die Osmanen. Jahrhundertelange Geschichte im Zeichen der Langsamkeit hat in den letzten 20 Jahren Beschleunigung erfahren durch einen Strom von Flüchtlingen, die während der Kämpfe zwischen der türkischen Armee und der PKK eine Zuflucht suchten und die Stadtbevölkerung Diyarbakırs heftig vermehrten. Man kann Diyarbakır als größte kurdische Stadt weltweit bezeichnen.

Nach Westen, zum Bahnhof außerhalb der Stadtmauer hin, sind moderne Viertel gewachsen, im Osten fließt der Tigris, jenseits des Flusses breitet sich der Universitäts-Campus aus, Kontrast zum alten Diyarbakır. Wohl kein Stadtgelände der Türkei wirkt orientalischer als diese Altstadt mit dem Gewirr ihrer engen Gassen, abseits der kreuzförmig angelegten Hauptdurchgangsstraßen, mit verschleierten Frauen in Schwarz oder heftigen Farben, mit Kindern überall, Moscheerufen und Verkaufsgeschrei. In wenigen Lokalen gibt es Alkohol. Sommers lässt die starke Hitze alles in Lethargie versinken, wer das vermeiden will, tut gut daran, seine Reise im Frühjahr oder Herbst zu planen.

Hotels/Andere Unterkünfte

Otel Büyük Kervansaray

In historischer Karawanserei (erbaut 1521–1527), mit Swimmingpool und Sauna.

Gazi Cad. (nahe Mardin-Tor); Tel. 4 12/2 28 96 06, Fax 2 23 95 22; www.dunyainsanlarininevi.com; 45 Zimmer ●●● CREDIT

Turistik Hotel

Mit Gartenrestaurant, Swimmingpool und Klimaanlage, auch Parkplatz.

Ziya Gökalp Bulvarı; Tel. 4 12/2 24 75 50, Fax 2 24 42 74; 57 Zimmer ●● VISA

Sehenswertes

Ortokiden-Palast

Eine Ruine mit zwei beeindruckenden Gewölben, darunter ein Baderaum. Südlich außerhalb der Stadtmauer, mit schönem Blick auf den Tigris.

Stadtmauer

Das stärkste Architekturerlebnis: die schwarzdüstere Wucht dieser Mauer mit ihren Türmen und Toren! Römer haben den Bau begonnen, das heute sichtbare Mauerwerk stammt aus früher byzantinischer Zeit, dem 4. bis 6. Jh., oft wurde umgebaut, doch der Mauerring ist fast rundum erhalten, 10 bis 12 m hoch und 3 bis 5 m breit. Streckenweise ist die Mauerkrone begehbar, u. a. vom Mardin-Tor beim Hotel Büyük Kervansaray. Geht man ostwärts in Richtung auf den Tigris, hat man vom Torturm beste Ausblicke in die Landschaft, auch Einblicke in die Altstadtstraßen. An den Toren und Bastionen findet man Inschriften und manches schöne Relief mit Darstellungen von Adlern und Löwen. Die innere Burg im Nordosten ließ Sultan Süleyman der Prächtige im 16. Jh. erbauen. Neuerdings wird wegen Überfällen davor gewarnt, allein auf den Mauern zu wandern.

Tigrisbrücke

Bald tausend Jahre alt, vermutlich die älteste islamische Brücke der Türkei. Fotogen mit zehn Bogen, außerhalb der Stadt auf dem Weg nach Süden.

Ulu Cami

Die »große Moschee« geht auf das Jahr 1091 zurück und ist damit die älteste Moschee Anatoliens. Ursprünglich stand hier eine Kirche des Hl. Thomas, die seit dem 7. Jh. als Moschee genutzt wurde. Wer Damaskus kennt, erkennt das Baumuster der berühmten Ummayaden-Moschee. Großes Querschiff mit zwei Pfeilerreihen und hohem Zentralraum mit Holzdecke. Im Hof zwei Brunnen, umschlossen von den Arkaden anderer

Gebäude, einer Medrese, einer zweiten Moschee. Stadtbildbeherrschend: das viereckige Minarett aus schwarzem Stein.
Im Stadtzentrum, nördl. der Melek Ahmet Cad.

Noch mehrere andere ansehnliche Moscheen: Hazret-i Süleyman Camii (12. Jh.), und drei aus dem 16. Jh.: Behram Paşa Camii (die größte Diyarbakırs), Safa Camii (Minarett mit blauen Kacheln) und die sogenannte Kasım Padişah Camii, deren Minarett auf vier schlanken Säulen steht (das »vierfüßige Minarett«)

Museen

Archäologisches Museum
Funde aus der Jungsteinzeit (um 7000 v. Chr.) aus dem Reich von Urartu sowie von den Nomaden-Dynastien der Karakoyunlu- und Akkoyunlu, die im späten Mittelalter weite Teile Westpersiens und Ostanatoliens beherrschten, bis die Osmanen auch sie unterwarfen.
Nahe beim Messegelände außerhalb der Stadtmauer, Ziya Gökalp Bulvarı; Di–So 8.30–12.30 und 13.30–17 Uhr

Cahit Sıtkı Tarancı Museum
Schönes Beispiel für ein traditionelles Diyarbakır-Wohnhaus aus dem schwarzen Basaltstein ist dieses Haus, in dem der Dichter und Baudelaire-Übersetzer Cahit Sıtkı Taranci (1919–1956) in der ersten Hälfte des 20. Jh. lebte. Es lässt noch die typische Trennung in den »selamlık«, den Teil für Männer, und den »haremlık«, den Teil für Frauen, erkennen und zeigt den ebenso typischen Innenhof, an den der halboffene »eyvan« als Raum für den Sommer angrenzt. Zur Nacht suchten die Bewohner Kühlung auf den »tahtlar« (=Thronen), hohen hölzernen Postamenten. Persönliche Erinnerungsstücke und Möbel des Poeten.
Cahit Sıtkı Tarancı Sok., Seitenstraße etwa 50 m von der Ulu Cami; Di–So 8.30–17 Uhr

Essen und Trinken

Sinan Lokantası
Gute Küche und umgrünte Terrasse.
Dortyol Kavsagi Basak Otel 6 CIZRE SIRNAK; Tel. 4 12/5 12 40 54

Service/Auskunft

Touristinformation
Kıbris Caddesı (in einem Turm der Stadtmauer); Tel. 4 12/2 21 21 73; www.turkey.org (englisch)

Van und Van-See

→ S. 113, D/E 6/7

400 000 Einwohner

Wegen des Sees im Kranz seiner Gebirge macht man sich nach Van auf, nicht wegen der Stadt, die ans Gebirge geflüchtet zu sein scheint, fort von dem Burghügel **Van Kalesi** und dem riesigen See, dem **Van Gölü**. Der liegt über 1700 m über dem Meeresspiegel, erstreckt sich über 3760 qkm und ist damit rund siebenmal so groß wie der Bodensee. Das Wasser schmeckt hier im Osten des Sees seifig, es fühlt sich seiner Natrium- und Kaliumsalze wegen auch leicht klebrig an und ist weder für Schwimmer das wahre Badevergnügen noch für Fische ein sonderlich günstiger Lebensraum. In den Flussmündungen kommen Fische allerdings reichlich vor. Die Gebirge rundum sind erloschene Vulkane.

Die muss niemand ersteigen. Auch von Vans Burgberg – Van Kalesi – bietet sich über den lotrechten Abstürzen der Südflanke eines der großen Landschaftserlebnisse Anatoliens. Nach Westen die scheinbar unbegrenzte Wasserfläche des Sees, die sich auch an klaren Tagen am Horizont verliert, rundum die Schneegebirge mit ihren Felsflanken und Gebirgsgraten. Und in der Tiefe breitet sich eine im Frühjahr grasgrüne Ebene aus, auf der einst schon die Urartäer ihre Hauptstadt Tuschpa bauten. Ihre Sprache war weder indoeuropäisch noch semitisch, Urartu entstand aus dem Reich Mitanni der Hurriter. Deren Herkunft ist unbekannt.

Vermutlich schon im 2. Jahrtausend v. Chr. hatten die Urartäer ihre Burg, verteidigten sie gegen die Assyrer. Inschriften auf den schweren Quadern der Kernburg erinnern daran. Später folgten Perser, Armenier, Parther, Makedonen, Römer, Sassaniden, Byzantiner, Araber, Seldschuken und andere, Eroberer, Plünderer, Herrscher. Die Ruinen der immer wieder erweiterten Burg überziehen den Hügel mit Gewölben, Höfen, Grundmauern. Erst mit der Osmanenherrschaft begann eine ruhigere Epoche.

In der Provinzhauptstadt Van siedelten auch viele Armenier. 1895 und dann 1915, während des Ersten Weltkriegs, kam es zu Gewalt zwischen den Kommunitäten. Die Armenier wurden dabei von den Russen unterstützt. Krieg und Bürgerkrieg eskalierten in der Zerstörung der Stadt und der Vertreibung der Armenier, mit hoher Todesrate gerade auch von Kindern, Frauen und Alten. Später kam es zu armenischen Racheakten, als russische Truppen zwischenzeitlich Van besetzten. Am Fuß des Burgbergs blieb nur die Grasebene, wo einst die Stadt stand. Nach dem Ersten Weltkrieg wurde Van 4 km östlich neu erbaut.

Hotels/Andere Unterkünfte

Grand Van

Mittelklasse, mit Restaurant, Bar und Hamam.

Cumhuriyet Cad., Hükümet Konaı Yanı; Tel. 4 32/2 14 34 63, Fax 2 16 28 67; 20 Zimmer ●● AmEx MASTER VISA

Sehenswertes

Burgberg (Van Kalesi)

Am Fuß des Felsens im Norden von vielen Pilgern besuchtes Grab des Abdurrahman Gazi, eines muslimischen Heiligen. Aufstieg über eine in den Felsen gehauene Treppe. Zyklopische Mauern, Sardur-Turm aus dem 9. Jh. v. Chr. Beliebte Picknickplätze und großartige Ausblicke!

Busstop und Parkplatz, 3 km von der Stadt Van; 9 Uhr – Dämmerung

Nicht von der gewaltigen Größe des Van-Sees, aber von seiner Einsamkeit lässt das Foto etwas ahnen. Manche der umliegenden Berge ragen bis zu 4000 Meter auf, der See selbst liegt 1700 Meter über dem Meeresspiegel.

Museen

Van-Museum

Kleines Museum mit hervorragender archäologischer Sammlung urartäischer Funde – darunter Keramikstiefel und -Schuhe, aus denen getrunken wurde. Phönizischer Goldschmuck.

Cengiz Topel Caddesi; Di–So 8–17 Uhr (mit Mittagspause)

Essen und Trinken

Altınşiş Lokantasi

Gute »mezeler«, verschiedene Fleischgerichte, überdurchschnittlich.

Cumhuriyet Caddesi, Merkez Bankası Karşısı 36; Tel. 4 32/2 16 22 65 ●●

Im Umkreis gibt es viele Teestuben, gegenüber der Post liegt ein schöner Teegarten, der zum Verweilen einlädt.

Service/Auskunft

Tourist Information

Cumhuriyet Caddesi 127; Tel. 4 32/2 16 25 30

Eine Kostbarkeit auf den zweiten Blick: die armenische Kirche auf der Insel Akdamar mit ihrem Reliefschmuck.

Ziel in der Umgebung

Insel Akdamar ⇢ S. 113, E 7

8

Ein bewundernswertes Erbe der armenischen Kultur vor elfhundert Jahren ist die **Kirche zum Hl. Kreuz**, zwar nur sehr klein, aber mit Wandbildern ausgemalt und außen mit fünf Reliefbändern geschmückt. Die unbekannten Künstler haben biblische Geschichten dargestellt, mit meisterlicher Formkraft und romanischer Strenge: David und Goliath, Jonas und der Wal, auch Adam und Eva. Eine Gruppe zeigt König Gagik, wie er dem Heiland ein Modell der Kirche darbietet. In der Nachbarschaft: silbrige alte Ölbäume und Reste des königlichen Palastes.

Überfahrt mit kleinen Motorbooten, etwa eine Viertelstunde. Restaurant beim Campingplatz. Rund 45 km von Van entfernt, beim Ort **Gevaş**, an der einstigen Seidenstraße.

ca. 35 km südwestl. von Van

Doğubayazıt ⇢ S. 113, E 6

38 000 Einwohner

Die Einwohnerzahl ist binnen nur zwei Jahrzehnten um mehr als die Hälfte gewachsen, der Staub der weiten Ebene umher ist der gleiche geblieben. Doğubayazıt wurde erst nach dem Ersten Weltkrieg gegründet, anstelle des älteren Bayezid im Gebirge. Es wäre nur ein Fernfahrerstop an der Route Türkei – Iran oder auch weiter nach Pakistan und Indien, läge Doğubayazıt nicht so konkurrenzlos günstig zu zwei absolut höchstplatzierten Türkei-Destinationen. Die eine ist der höchste Gipfel der Türkei, der Berg **Ararat**, die andere ist der Bergpalast des **İshak Paşa**, ein orientalischer Traumort aus dem 18. Jh. Beiden, dem Gipfel wie dem Palast, kommt die vergleichsweise doch sehr große Entfernung von Verkehrszentren und dichter besiedelten Regionen sehr zugute. So bleibt beiden die Aura von Abenteuer und Abgeschiedenheit erhalten, die Herausforderung an jeden Besucher, Zeit zu investieren und Unbequemlichkeiten in Kauf zu nehmen, um sich einen Traum zu verwirklichen. Doch auch ein Platz für sehr reale, nicht immer legitime Geschäfte ist Dogubayazıt, die Vielzahl der Hotels und der Goldschmiede ist ein Indikator dafür.

Hotels/Andere Unterkünfte

Isfahan Hotel
Folkloristisch um die Rezeption, praktisch in den angenehm proportionierten, gut gehaltenen und hellen Zimmern. Auch bei Gruppen beliebt.
8Emniyet Caddesi 26; Tel. 4 72/ 3 12 43 63, Fax 3 12 40 81; 40 Zimmer
●● MASTER VISA

Essen und Trinken

Urfa Kervan Sarayı
Dachterrasse mit Ausblick und bunten Kissen, Kebap-Spezialitäten.
Dr. İsmail Beşikçi Caddesi 77; Tel. 4 72/3 12 07 02 ●● MASTER VISA

Service/Auskunft

In Doğubayazıt gibt es kein staatliches Informationsbüro, aber Auskunft in den Hotels oder bei privaten Reisebüros.

Ziele in der Umgebung

Ararat (Ağrı Dağı)

→ S. 113, E 6

Seit dem Beginn des 21. Jh. kann der höchste Berg der Türkei wieder erstiegen werden, doch nicht ohne eine offizielle Erlaubnis, die einige Wochen zuvor über ein Reisebüro beantragt werden kann (Warnung vor unseriösen Angeboten in Doğubayazıt, die Genehmigung binnen weniger Tage zu beschaffen!). Auch ein Führer muss für die mindestens dreitägige Tour angeheuert werden, samt der eher dürftigen Verpflegung mit Kosten von 400 € oder mehr, da die kurdischen Führer aus den umliegenden Dörfern bislang ein Monopol beanspruchen. Zu der üblichen Anstiegsroute von **Eliköyü** im Süden her ist seit 2005 eine zweite über **Iğdır** möglich. Das Erlebnis des 3500-m-Aufstiegs zur Schnee- und Eiskappe des 5165 m hohen Büyük Ağrı Dağı mit seinen Gletschern ist dank der Fernblicke großartig.

Rund 1000 Menschen und mehr steigen jährlich auf. Enttäuscht sind immer wieder jene, die nach Noahs Arche suchen. Wer sich zuvor genauer mit dem Sintflut-Bericht im hebräischen Alten Testament befasst, findet dort die »Berge des Ararat« genannt, und gemeint ist vermutlich das ganze Gebiet von Urartu. Erst viel später benutzten Armenier den Namen Ararat für den höchsten Gipfel, der zuvor Masis hieß.

ca. 25 km nordöstl. von Doğubayazıt

İshak Paşa Sarayı

→ S. 113, E 6

Seit türkische Denkmalspfleger den Verfall der märchenhaften Burg gestoppt und sie quasi neu errichtet haben, ist ihre historische Doppelfunktion umso augenfälliger: Dies war zugleich eine starke Festung und ein orientalisches Lustschloss. Nicht einmal sehr alt, erst zwischen 1685 und 1784 auf einer schmalen Terrasse über tiefer Schlucht erbaut. Die offenbar immensen Summen, die am Karawanenverkehr abzuschöpfen waren, erlaubten eine prachtvolle Ausstattung. Die Einnahmen brauchte der Erbauer İshak Paşa aus dem Geschlecht der Çıldıroğlu wohl nicht in Istanbul beim Sultan abzuliefern.

So prächtiges Reliefdekor rankender Blätter – ein künstlerisches Echo der Seldschuken-Ära – wie an den Mauern des İshak Paşa Sarayı

findet man selten. Hinter den hohen Mauern des Palastes waren Militär-, Verwaltungs-, Moschee- und Wohnbereich eingerichtet. Wie es heißt in 366 Räumen, doch da übertreibt augenscheinlich die Überlieferung. Eine Ahnung von all der Herrlichkeit vermitteln noch Reste von Architekturdekor im Divan, der 20 mal 30 m großen Versammlungshalle. Die eingestürzten Decken hat man teils restauriert, teils – leider – mit Eternitplatten ersetzt. Rundum in der dramatisch schroffen Felslandschaft überdauern Festungsruinen, Grabmäler, Reste von Eski Bayezid (Alt Bayezid).
ca. 10 km südöstl. von Doğubayazıt

Erzurum

→ S. 113, D 6

360 000 Einwohner

Mit seinen breiten Boulevards, seiner Universität, westlich gekleideten Frauen, vielfältigem Angebot seiner Läden mutet die größte Stadt auf dem anatolischen Hochplateau überraschend modern an – wenn man von Osten kommt. Wer aus Ankara oder Konya anreist, findet sich eher mit dem konservativen Orient konfrontiert, wenn er Frauen im »ihram« sieht, der das Gesicht bis über die Augen verdeckt. Traditionell seit römischen und byzantinischen Zeiten ist Erzurum ein wichtiger Militärstandort. Wintersportler schätzen Erzurum – das auch als kälteste Stadt der Türkei gilt! – als attraktivstes Skizentrum Anatoliens. Das **Palandöken-Gebirge** (über 3000 m) gleich südlich der Stadt bietet entsprechend komfortable Hotels, die im Sommer mit deutlich herabgesetzten Preisen locken.

Auch das Teppichzentrum der Universität mit Hunderten von Schülerinnen interessiert viele Touristen. Sie kommen im späteren Frühjahr und nach der sommerlichen Hitze jedoch vor allem, um das architektonische Erbe aus den ersten Jahrhunderten der türkischen Herrschaft zu bewundern: Moscheen, Grabbauten und Medresen (geistliche Hochschulen) aus dem 13. bis zum 16. Jh., ebenso die Karawanserei Taşhanö, gegründet von Rüstem Pascha, einem Großwesir Süleymans des Prächtigen. In ihrem Hof findet man eine Spezialität von Erzurum: Onyx-Werkstätten.

Bis fast an die Grenze zum Iran muss reisen, wer den höchsten der vielen anatolischen Berggipfel erreichen will, den 5165 Meter hohen Ararat (Büyük Ağrı Dağı).

Hotels/Andere Unterkünfte

Kral Hotel
Zentral und doch ruhig gelegen, mit Themen-Zimmern ohne den Luxus der Wintersport-Hotels.
Erzincankapısı 18 (nah der Cumhuriyet Cad.); Tel. 4 42/2 34 64 00, Fax 2 34 64 74; 80 Zimmer ●● MASTER VISA

Sehenswertes

Çifte Minareli Medrese (Hatuniye-Türbe)
Äußerst prächtige theologische Hochschule aus den letzten Jahren des 13. Jh. Ein Ilhan-Herrscher ließ sie für seine Frau erbauen. Portal und Mausoleum (= Türbe) sind mit Pflanzenreliefs über und über geschmückt. An den beiden Minaretten (Çifte minareli = mit Doppelminarett) sieht man noch schöne, glänzend blaue Schmuckkacheln. Und am Portal eine Adler-Skulptur, aus einem Palmblatt aufsteigend: das Wahrzeichen der Seldschuken.
Am Ostende der Cumhuriyet Cad.

Kongre Salonu
Beim Kongress vom 23. Juli bis 7. Aug. 1922 stellte sich Mustafa Kemal an die Spitze des nationalen Widerstands, der schließlich zum heutigen türkischen Staat führte. Rührend klein ist der Konferenzsaal für die Abgeordneten Ostanatoliens und der Schwarzmeerküste und lässt deshalb den Erfolg des Widerstands gegen die Siegermächte um so unglaublicher erscheinen. (Der originale Saal ist abgebrannt, wurde aber in einer Schule rekonstruiert).

Lala Paşa Camii
Vom Prinzenlehrer (= Lala) Mustafa Paşa 1562 erbaut, in klassisch osmanischem Stil. Der Entwurf des Zentralkuppelbaus stammt vom großen Architekten Sinan oder einem seiner Schüler. Lala Paşa eroberte Zypern für die Osmanen.
An der Cumhuriyet Cad., Ecke Menderes Cad.

Ulu Cami (Atabey Camii)
Unter den ersten türkischen Herrschern Erzurums, den Saltukiden, erbaut und immer wieder verändert. Dennoch großartig: der Säulenwald der Moscheehalle mit der Stalaktiten-Kuppel über dem Mihrab (der Gebetsnische in Richtung Mekka).
Nahe dem Ostende der Cumhuriyet Cad.

Essen und Trinken

Güzelyurt Restaurant
Eine unentbehrliche kulinarische Institution seit Jahrzehnten, mit gutem Service, sanfter Musik, Wein und Rakı (in Erzurum nur an wenigen Plätzen).
Cumhuriyet Cad. 51; Tel. 4 42/2 34 50 01

Ziel in der Umgebung

Um Tunceli

→ S. 112, C 6

Südwestlich von Erzurum, zwischen den Fernstraßen Erzurum-Sivas und Muş-Malatya, erstrecken sich die Gebirge der Provinz Tunceli und ihrer kleinen Provinzhauptstadt gleichen Namens – mit ihren Dörfern, Wasserfällen und Gebirgsseen eine der ganz wenigen anatolischen Regionen, in denen Tourismus noch fast unbekannt ist. Der **Munzur-Vadisi-Nationalpark** umfasst mehr als 400 qkm, mit reicher Flora und Fauna (Wildkatzen, Otter, Steinböcke) und Gipfelhöhen bis 3500 m.
ca. 200 km südwestl. von Erzurum

Kars

→ S. 113, E 5

89 000 Einwohner

2005 erschien Orhan Pamuks Roman »Schnee« in deutscher Übersetzung, 2006 wurde er als erster türkischer Autor mit dem Literatur-Nobelpreis ausgezeichnet. Damit rückte auch die Stadt Kars in den Blickpunkt, denn sie ist der Schauplatz des Romans.

Bislang kamen Besucher fast nur zum Übernachten nach Kars, auf dem

Weg zu den rund 40 km entfernten armenischen Ani-Kirchen hoch über dem Grenzfluss **Arpa Cayi**.

Kars ist ein Stück Türkei ganz eigener Art, eine Mischung aus morgenländischer Basarstadt und ehemaligem russischen Gouverneurssitz. Von 1878 bis 1918 war Kars russisches Staatsgebiet, davon blieben noch viele Häuser, die an St. Petersburg erinnern. Erst seit 1920/21 gehört die Stadt wieder zur Türkei. Tausend Jahre früher war sie Hauptstadt des bedeutendsten armenischen Königreichs, des der Bagratiden-Könige, bevor diese sich für Ani entschieden. Die mächtige, mehrmals zerstörte und wieder aufgebaute Zitadelle auf dem Stadthügel, die nur noch in Teilen militärisches Sperrgebiet ist, lohnt den Aufstieg wegen des Überblicks auf Stadt und Steppenumland.

Auch die einstige »Kirche der Apostel« stammt aus dem armenischen 10. Jh., stark stilisierte Gestalten der zwölf Apostel sind noch über den Bögen der Kuppeltrommel erkennbar. Doch seit 1993 dient der vorübergehend säkularisierte Bau wie schon in osmanischen Zeiten wieder als Moschee (Kümbet camii). In der Nachbarschaft strömt der **Kars Çayı**, der Kars-Fluss, unter einer Basaltbrücke aus dem 18. Jh. (Taşköprü).

Im Museum (Cumhuriyet Cad., Di–So 8.30–17.30) begegnet man Zeugnissen von der frühen Bronzezeit bis zur russischen Besetzung der Stadt, dazu gibt es Teppiche und Kelims im Kars-Stil zu sehen. Dokumente erinnern an die armenischen Grausamkeiten gegen Türken in den ersten Jahrzehnten des 20. Jh.

Hotels/Andere Unterkünfte

Hotel Karabağ

Gästefreundlich eingerichtet mit Klimaanlage und Fernsehen, mit Restaurant (auf Wunsch Vollpension) und Bar, an der zentralen Straßenachse.

Faikbey Cad. 142; Tel. 4 74/2 12 34 80, 2 12 16 33, Fax 2 23 30 89; www.hotel-karabag.com; 50 Zimmer ●●● AmEx MASTER VISA

Essen und Trinken

Ocakbaşı Restoran

Weiße Tischdecken und guter Service sind hier im Unterschied zu anderen Adressen üblich, die Fleischgerichte sind schmackhaft, die Auberginen vorzüglich.

Atatürk Cad. 276; Tel. 4 74/2 12 00 56 ●/●● MASTER VISA

Service/Auskunft

Tourist Office

Lise Cad. (südlich vom Zentrum, Richtung Stadion); Tel. 4 74/2 12 68 17

Ziel in der Umgebung

Ani

→ S. 113, E 6

Eine menschenleere Höhe über tief eingeschnittenem Flusstal, im Hintergrund der Rundhorizont überschneiter Berge. Als einzige Bauten erheben sich Kirchen über das Ruinenfeld in weitem Mauerring. 800 bis 1300 Jahre sind diese armenischen Kirchen alt, Denkmäler einer »Goldenen Epoche«, die erst 1319 mit einem schweren Erdbeben endete. 1380 verwüstete Timur die Stadt nochmals. Damals wurde Ani verlassen, die einstige Residenzstadt der Bagratidenkönige verfiel. Leider mangelt es bis heute an hinreichender konservatorischer Fürsorge.

Rund zehn Kirchen sind mehr oder weniger gut in ihrer Bausubstanz erhalten, mit strengen kegelförmigen Kuppeln über den zylindrischen Tambouren. Den Fassaden sind Halbsäulen und Bögen vorgesetzt, die schmalen Blendarkaden betonen die Vertikale. Im Inneren der um 1000 vollendeten Kathedrale finden sich Spitzbögen über den Pfeilern, rund ein Jahrhundert älter als die

Eine der etwa zehn noch erhaltenen Kirchenbauten Anis, der einstigen Residenzstadt der armenischen Bagratiden-Könige – einst eine Metropole, heute Ruinen-Einsamkeit.

europäische Gotik. Ihr Baumeister war der gleiche Architekt Tiridates, der kurz zuvor in Konstantinopel die von einem Erdbeben zerstörte Kuppel der Hagia Sophia wiederhergestellt hatte. Einige Kirchen bewahren reiche Freskenzyklen. So fern dieser Ort von den Hauptreiserouten unserer Zeit gelegen ist, so tief prägt sich doch die Begegnung mit diesen überdauernden Monumenten der Frömmigkeit ein.
ca. 40 km östl. von Kars

Trabzon ⇢ S. 112, C 5

500 000 Einwohner

Das bergige Waldland der Schwarzmeerküste ist durch hohe Gebirgspässe von Inneranatolien getrennt. Regenreiche Sommer, die den Teeplantagen um Rize und den Haselnusswäldern so gut bekommen, schrecken sonnenhungrige Touristen ab. Diese Bedingungen haben vorerst dafür gesorgt, dass der Besucher eine noch weithin unverbaute Landschaft, meilenweit einsame Strände, ursprüngliche Waldregionen und Hochalmen vorfindet. Der **Kaçkar Dağları-Nationalpark** ist ein Eldorado für Bergwanderer und Alpinisten und ist doch nur einer von mehreren Nationalparks der Schwarzmeerregion.

Keine andere Stadt an der türkischen Schwarzmeerküste empfängt ihre Gäste so südlich hell wie Trabzon, in keiner anderen findet man unter Palmen und Koniferen so viel Teegarten-Heiterkeit. Noch auf Kaiser Justinian gehen die breiten Mauern der »kale«, der alten Stadtburg, zurück, wer schwindelfrei ist, kann auf ihnen spazieren gehen. In dieser Stadt, die um 750 v. Chr. von Griechen aus Milet gegründet wurde und in der Antike Trapezunt hieß, ist man immerfort bergab oder bergauf unterwegs – jedoch nicht allzu steil. Trabzon lehnt sich an einen Hang über der Küste und ihrem Hafenbecken; die Stadt hat den Höhenrücken immer weiter hinauf überbaut.

Doch mit dem Taxi erreicht man in nur wenigen Minuten vom Hauptplatz (Meydan Parkı) oder von der Burg den Boztepe (= grauer Hügel) mit besten Ausblicken auf Trabzon – dies ist noch keine Millionenstadt. Nach dem Zusammenbruch der Sowjetunion gab es starken Zuzug aus Georgien und Armenien. Auch der Anteil russischer Touristen wächst, an vielen Läden sieht man kyrillische Schrift.

Hotels/Andere Unterkünfte

Otel Horon

Äußerlich schlicht, doch mit gut ausgestatteten Zimmern samt Bad, schöne Ausblicke auf die Stadt vom Dachrestaurant und der Dachbar. Klimaanlage, Parkplatz.

Sıramağazalar Cad. 125; Tel. 4 62/3 26 64 55, Fax 3 21 66 28; www.otelhoron.com.tr; 17 Doppelbetten, 27 Französische Betten ●●● MASTER VISA

MERIAN-Tipp

8 Ein Kloster wie ein Vogelnest

Das berühmte, von den griechisch-orthodoxen Mönchen beim griechisch-türkischen Bevölkerungsaustausch 1922 verlassene Sumela-Kloster der Jungfrau Maria scheint sich wie ein fremdartiges großes Vogelnest an eine steile Bergwand zu klammern – einer der wenigen Plätze im Hinterland der Schwarzmeerküste, die viele Besucher anziehen, rund 55 km von Trabzon entfernt inmitten einer waldgrünen anatolischen Alpenlandschaft. Die Gründungslegende berichtet von einem Marienbild des Evangelisten Lukas (Panagia tou Melas, daher der Name Sumela), für das im 4. Jh. das Kloster gebaut worden sei, bald von zahllosen Pilgern besucht.

Anfahrt: Bus von Trabzon (Mai bis August), auch geführte Touren. Übernachtung z. B. in den Bungalows der Sümela Sosyal Tesisleri, Tel. 5 31 12 07.

→ S. 112, C 5

Museen

Ayasofya Müzesi

Wie die Hagia Sophia in Istanbul wurde die im 13. Jh. erbaute »Kirche der heiligen Weisheit« nach der osmanischen Eroberung 1461 als Moschee genutzt, im 20. Jh. aber zum Museum erklärt. In den 50er- und 60er-Jahren rettete ein türkisch-britisches Expertenteam den kostbaren Bau mit seinen überaus reichen Fresken und Reliefs vor totaler Zerstörung. In schönster Lage auf einer Felsterrasse über dem Meer, ist sie die einzige Kirche in Kleinasien, die mit einem frei stehenden Glockenturm erbaut wurde, einem »Campanile«. Auch der dramatisch bewegte Engelfries unter der Kuppel lässt vermuten, dass die Künstler Verbindungen nach Italien hatten.

Aya Sofya Müzesi; etwa 3 km westl. vom Zentrum; Di–So 9–18 Uhr, Nov.–März bis 17 Uhr

Trabzon-Museum

In historischem Gebäude des frühen 20. Jh. volkskundliche Sammlungen, byzantinische und islamische Kunst, auch Kunsthandwerk. Zeitweilig wohnte Atatürk hier.

Zeytinlik Cad. 10; Di–So 9.30–17.30, Mittagspause

Essen und Trinken

Tuvana Restoran

Im ersten Stock, in der Fußgängerzone. Appetitlich angerichtete Speisen, freundliches Personal.

Kunduracılar Cad. Meclis Sok. 2; Tel. 4 62/3 26 04 43 ●● MASTER VISA

Murat Balık Salonu

Frischer Fang wird serviert in einem der überraschend wenigen Fisch-Restaurants der Stadt.

Park Karşısı (Hauptplatz); Tel. 4 62/3 22 31 00 ●● MASTER VISA

Service/Auskunft

Tourist Office

Camii Sok., Tel./Fax 4 62/3 26 47 60

Routen und Touren

Kaum zu glauben, dass hier kein Mensch seine Hand im Spiel hatte – die Formen der Tuffsteinlandschaft bei Uçhisar (→ S. 93) sind ein Meisterwerk der Natur. Uçhisar liegt zentral in Kappadokien, nicht weit vom »Freilichtmuseum Göreme«.

Unwiderstehlich lädt die Türkei zum Reisen, Erkunden und Entdecken ein. Fast unerschöpflich in ihrer Weite erscheint sie, ob im Hochland Inneranatoliens oder an der Küste im Osten.

Pamukkale und Aphrodisias – Weißes Wunder und archäologische Sensation

Charakteristik: Pamukkale ist sowohl von der West- wie von der Südküste leicht zu erreichen. Mit Abstecher nach Aphrodisias, 130 km von Pamukkale; **Länge:** Fahrtstrecke von Antalya über Korkuteli rund 250 km, von Kuşadası über Aydın rund 175 km (Autobahn im Bau), nach Aphrodisias von Pamukkale rund 130 km; **Dauer:** 2–4 Tage; **Einkehrmöglichkeiten/Übernachtung:** Konak Sade Hotel (33 Zimmer; Tel. 2 58/2 72 22 91, Fax 2 72 21 93 ●●), direkt bei den Sinterterrassen, in Karahayıt komfortable Hotels. **Auskunft:** Tourist Information, Örenyeri, Tel. 2 58/2 72 20 77, Fax 2 72 28 82; www.pamukkale.gov.tr; **Karte:** → S. 110, C 3 und B 3

Dem »Baumwollschloss«, wie Pamukkale übersetzt heißt, ist die wohl größte Umgestaltung zuteil geworden, der je eine touristische Region in der Türkei unterzogen wurde. Die feenhafte Pracht der fast 100 m hoch gestaffelten weißen Kalkfelsen war in akuter Gefahr. Vermutlich wurde das antike **Hierapolis** bei den 35 bis 100 Grad Celsius heißen heilkräftigen Quellen im 2. Jh. v. Chr. gegründet. Badekuren wurden damals und werden auch heute angeboten.

9

Hierapolis, ein frühchristlicher Bischofssitz, wurde von Erdbeben heimgesucht und verfiel. Doch im letzten Jahrzehnt des 20. Jh. brachte der Tourismusboom jährlich weit über eine Million Besucher. Mit der immer stärkeren Übernutzung blieb für die Sinterbecken zu wenig Wasser übrig, Grauschleier überzogen sie.

Der Rettungsaktion half die UNESCO, als sie Pamukkale in die Liste des Weltnaturerbes aufnahm. Auch die Weltbank beteiligte sich. Die Straße hinauf zum antiken Stadtgelände umfährt nun in weitem Bogen die Sinterbecken. Sämtliche Hotels oberhalb der Quellen sind inzwischen abgerissen, neue beim Dorf **Karahayıt** aufgebaut worden. Die Besucher wandern auf Stegen über die Terrassen, für deren Berieselung mit dem Thermalwasser ein Steuerungssystem sorgt. Das ist zwar nicht so lustig wie früher, als fröhlich geplantscht wurde, aber es verspricht dem berühmten Baumwollweiß eine dauerhafte Chance.

Für alle, die der antiken Kultur begegnen wollen, gibt es die Reste bedeutender Bauten von Hierapolis zu sehen: den Apollo-Tempel, die benachbarte Grotte »Plutonium«, auch ein großes Theater. Höher am Hang dominiert ein markantes achteckiges Bauwerk, wohl eine Gedächtnisstätte für den Apostel Philipp, der in Hierapolis starb oder den Märtyrertod erlitt. Die ehemaligen römischen Bäder dienen als Hierapolis Archaeology Museum, mit hervorragend schönen Skulpturen.

Pamukkale → Aphrodisias

Wer von dieser Bildhauerkunst angetan ist, macht sich von Pamukkale noch nach **Aphrodisias** auf. Der abgelegene, rund 130 km südwestlich inmitten ländlicher Felder am Gebirgsrand liegende Ort wurde zur archäologischen Sensation, als Professor Kenan T. Erim sein Buch über die Stätte veröffentlichte. Er erwies sich als antikes Kulturzentrum, mit einer stilprägenden Bildhauerschule, Medizin- und Philosophie-Schulen, Festspielen: ein »Florenz der antiken Welt«, ein »Schlaraffenland der Archäologen«, äußerst sehenswert! Am besten fährt man von Pamukkale mit einem Leihwagen nach Aphrodisias, die Busverbindungen sind schlecht – während man von Antalya, Kuşadası und İzmir nach Pamukkale oder Denizli gut per Bus kommt.

Von Alanya nach Antakya – Eine Entdeckungsreise an der Südküste

Charakteristik: Große Küstentour bis zur syrischen Grenze, mit Abstechern ins Taurusgebirge; gut ausgebaute Fernstraßen, etwa von Mersin an auch Autobahn möglich; **Länge:** Alanya–Silifke 281 km, bis Mersin 92 km, bis Adana 72 km, bis Antakya/Hatay 184 km, insgesamt rund 700 km, ohne Abstecher. **Dauer:** 1–3 Wochen; **Einkehrmöglichkeiten/Übernachtung:** alle größeren Städte mit Unterkünften von schlicht bis komfortabel; **Auskunft:** gleichfalls in allen größeren und auch in kleineren Städten; **Karte:** → S. 111, D-F 4

Alanya (110 000 Einw.) ist mit seinen superlangen Stränden, seinen breiten Palmenboulevards, zahllosen Hotels, guten Restaurants und einer Vielzahl von Juwelieren eines der meistbesuchten Touristenzentren der türkischen Südküste. Die noch erhaltenen mittelalterlichen, von Seldschuken vom Strand bis zur mächtigen Burg hinauf errichteten Festungsmauern dokumentieren die historische Bedeutung des Hafens Alanya. Doch wer mit den westlicher gelegenen Touristenzonen von Antalya, Side und Manavgat und ihrem Umland vergleicht, nimmt in Alanya auch wahr: hier ist man der traditionellen, ursprünglichen Türkei schon deutlich näher. Man braucht nur zu den kilikischen Bergen hinauszufahren, um mediterranes Hirtenland, unverbaute Flusstäler, naturbelassene Macchiahänge, ein Gebirgsland mit fast 3000 m hohen Gipfeln und nur sehr wenigen Straßen zu erleben. Manchem macht das Lust, noch weiter ostwärts zu reisen.

Alanya → Silifke

Die Straße nach **Silifke**, **Mersin** und weiter zur Zwei-Millionen-Metropole **Adana** folgt über die längste Strecke der Küste, ob 100 oder 200 m über dem Meer oder fast auf Strandniveau. Immer wieder schenkt sie grandiose Ausblicke übers Meer und ins Gebirge. Die Orte, die man durchfährt, sind bescheiden, und in den großen Dimensionen dieser Küstenlandschaft muten sie noch bescheidener an. Wenn es heiß wird, warum nicht ein erfrischendes Bad im Meer nehmen, an manchen Stellen kann man das ungestört tun.

Der erste Ort, der einen festhält: **Anamur**. Nein, nicht der Ort, sondern die Burg, die ihm den Namen gab, die größte Burg der türkischen Südküste. Über unbezwingbar hohen Mauern reckt sich ein weiter Ring von Zinnen zum Himmel, drunten schlagen die Wellen des Meeres an die alten Steine. 36 Türme zählt man. Schon die Römer bauten diese Burg, später war sie Piraten eine Zuflucht. Den Namen

Strategisch günstig, direkt gegenüber von Zypern, liegt die mächtige Burg Anamur. Ihr Ursprung reicht bis in die Römerzeit zurück.

gaben ihr erst die türkischsprachigen Eroberer: »Anamur«, das heißt »windiger Ort«. Auch wenn man schon viele Burgen gesehen hat, wird einen diese hier faszinieren, am südlichsten Punkt der kleinasiatischen Küste. Gerade weil sie noch nicht sorgsam restauriert ist, sondern teils in Trümmern liegt – ein Freigelände zum Klettern auf schmalen Wehrgängen ohne Geländer, durch Türme, von denen tonnenschwere Mauerteile ins Meer gestürzt sind.

Silifke → Adana

Silifke ist ganz anders, nicht heroisch, eher geruhsam, doch äußerst reich an historischen Erinnerungen im Umkreis der Stadt. In der nahen byzantinischen Basilika »Ayatekla« (Hagia Thekla) soll Thekla, die Schülerin des Apostels Paulus, gelebt haben (er selbst wurde in Tarsus geboren, nur etwa 100 km weiter östlich). Keinen Zweifel gibt es daran, dass der Stauferkaiser Barbarossa auf dem dritten Kreuzzug am 10. Juni 1190 beim Bad im **Göksu** – heute ein lieblich baumgrünes Flusstal – ums Leben kam, 10 km vor Silifke. Weiter hinauf in den dicht bewaldeten, von tiefen Schluchten durchzogenen Bergen erreicht man 1200 m über dem Meer die antiken Reste der Schwesterstädte **Olba** und **Diokaisarea** mit Stadttor, Theater und Tempelsäulen. Ein berühmtes römisches Mosaik im Badeort **Narlıkuyu** zeigt lebensgroß die drei Grazien. In die Tiefe eines Dolinenkessels steigt man fast 500 Stufen hinab in eine Tropfsteingrotte. Das sind noch lange nicht alle Einzigartigkeiten und Besonderheiten um Silifke. Nicht zu vergessen: An der Göksu-Mündung liegt eines der größten Vogelschutzgebiete der Türkei.

Adana (2 Mio. Einw.), die letzte Großstadt zwischen den östlichen Handelszentren und der Kilikischen Pforte, hat sie alle gesehen, die Heerscharen, Händler, Forscher seit drei Jahrtausenden und mehr. Auch Station an der Bagdadbahn (1903–1940 erbaut) ist Adana. Explosiv ist die Stadt in den letzten Jahrzehnten gewachsen, heute ist sie die viertgrößte der Türkei. Breite Boulevards unter grünen Baumkronen im Norden, eine Altstadt mit Hunderten, ja Tausenden von Läden und Lädchen, mit Teestuben, Moscheen – es lohnt, stundenlang durch Basare zu schlendern. Das Bölge Müzesi (Regionalmuseum) zeigt kostbare hethitische und römische Statuen. Gegenüber am östlichen Flussufer ragt seit 1998 die größte Moschee der Türkei auf, mit sechs Minaretten (statt wie üblich maximal vier), in der Kuppelarchitektur aber nach dem klassischen Muster osmanischer Sultansmoscheen.

Adana → Karatepe

Ein Ausflug aufs Land? In die Berge hinauf, zu den »yaylas«, den Almen? Oder südwärts, wo sich die fruchtbare **Çukurova-Ebene** bis zum Mittelmeer ausbreitet, mit kleinen Badeorten wie Karataş und Yumurtalık, Lagunenlandschaft und antiken Ausgrabungen? Oder, drittens, ein Abstecher von der Route nach **Antakya**, in Richtung Nordosten zum **Karatepe-Aslanta Nationalpark**?

Karatepe heißt »schwarzer Berg«, aber wenn die Sonne strahlt, spiegelt sich vor den Taurus-Felsgraten das Himmelblau in einem großen See, entstanden durch einen Staudamm im Ceyhan-Fluss. Über 7000 qkm umfasst der Nationalpark, man kann wandern, baden, picknicken – und die Ausgrabungsstätte Karatepe besuchen, eines der schönsten Freilichtmuseen der Türkei. Als der Archäologe Professor Hermann Bossert 1945 hier die Reste der hethitischen Stadt Asitwanda entdeckte, war er zu Pferde angereist. Seine Assistentin Halet Çambel machte Karriere, kehrte auch als die »große alte Dame der türkischen Archäologie« von Ankara immer wieder nach Karatepe zurück.

Zu sehen sind: Löwen und Sphinxen am Südtor, monumentale Reliefs mit Musikern, Bootsfahrern und Jägern, überlebensgroße Skulpturen des Königs und des hethitischen Wettergottes, auch von Löwen mit Menschenköpfen. Zum besonderen Erlebnis werden diese Funde, weil sie alle nicht in einem Museum stehen, sondern frei am Palasthügel, nur mit lichten Dachkonstruktionen geschützt – so, wie es Bossert und Halet Çambel es vor rund 60 Jahren entwarfen.

Karatepe → Antakya

Auf dem Wege nach **Antakya** – nicht auf der Autobahn, sondern auf der Nationalstraße, weil mehr zu sehen ist und man nicht an den Ortschaften vorbeisaust – erreicht man bei Erzin bald die Ebene, wo 333 v. Chr. der jugendliche Mazedonenkönig Alexander das Herr des Perserkönigs Dareios III. besiegte. Die genaue Lage des Orts Issos ist jedoch nicht gesichert.

Durch **İskenderun**, einem rauchenden Zentrum der türkischen Petrochemie- und Stahlindustrie, geht es von der schmalen Küstenebene über die Berge und den Belen-Pass in die fruchtbare Amik-Ebene.

Antakya/Hatay (150 000 Einw.), ein Stück landeinwärts, war einmal eine Stadt mit einer halben Million Menschen – die drittgrößte ums Mittelmeer, nach Rom und Alexandria, als es noch Antiochia hieß. Gegründet um 300 v. Chr., als Seleukos Nicator zu einem der erfolgreichsten Erben des Alexander-Reichs aufgestiegen war, wuchs Antiochia zu einem multikulturellen Zentrum der Religionen und Völker, mit noch heute fünf christlichen Kirchen (drei katholischen, den Syriani und den arabischsprachigen Griechisch-Orthodoxen).

Heute sind jenseits der nahen syrischen Grenze Städte wie Aleppo (Haleb) und Damaskus weitaus vitaler. Anatakya hat schwere Erdbeben und immer neue Kriege durchlitten, präsentiert sich in seinem Zentrum aber freundlich und weltoffen mit Palmenboulevards, einem pittoresken Basar, Teegärten am Asi-Fluss (früher: Orontes). Erinnerungen an die Zeit des französischen Syrien-Protektorats nach dem Ersten Weltkrieg verblassen. Die türkische Bevölkerung der Provinz Hatay drängte zum Anschluss an die Türkei, 1939 wurde er vollzogen. Syriens Anspruch auf Hatay dauert jedoch an, und die Grenze wird weiterhin strikt bewacht.

Antakya, eine reizvolle Stadt mit spannender Geschichte: Hinter dem Minarett der Ulu Cami steigen die Hügel mit der Burgruine auf.

Der Gast spürt von diesen Spätfolgen des europäischen Kolonialismus zumeist gar nichts. Es zieht ihn zur großartigen Sammlung römischer Mosaiken im eigens gegründeten Museum, zur St.-Peters-Grotte, einer zur Kirche gestalteten Naturhöhle, in der St. Peter und auch St. Paulus gepredigt haben, und hinauf zur Burg aus der Kreuzritterzeit. Im Umkreis der Stadt: der lange Strand von Cevlik (rund 20 km westlich von Antakya), zur Erholung im Grünen der Bergort Harbye/Daphne (7 km südlich) und für Reisende, die eine kleine Anstrengung nicht scheuen, das verfallene Kloster des Eremiten Simeon Stilites des Jüngeren (27 km südwestlich).

Von Antalya nach Kappadokien und Hattuşa – Eine Tour durch großartige Landschaften

Charakteristik: Rundfahrt durch die Erosionslandschaft Kappadokiens, die auch das »größte Freilichtmuseum byzantinischer Wandmalerei« genannt wird. Abstecher nach Konya, Ankara und zu den weltberühmten Ruinen von Hattuša, der Hauptstadt der Hethiter; **Länge:** Antalya–Konya 300 km, Konya–Ürgüp 225 km, Ürgüp–Ankara oder Ürgüp-Hattuša je etwa 260 km, Ankara–Hattuşa 190 km; **Dauer:** 1–3 Wochen; **Einkehrmöglichkeiten/Übernachtung:** In Ürgüp (günstig als Standquartier) das Asya Minor, ruhig und freundlich mit Garten, mehrere Zimmer mit Balkon und Antiquitäten; İstiklal Caddesi 38; Tel. 384/3414645; www.cappadociahouse.com. Insgesamt ein vielfältiges Angebot an Hotels und Pensionen in Kappadokien; **Auskunft:** die jeweilige Tourist Information; **Karte:** → S. 110, C 4; S. 111, F 2

Uralten Karawanenpfaden folgen die Fernstraßen durch die Weite des inneranatolischen Hochlands, oft schnurgerade so weit das Auge reicht. Wenige Menschen leben außerhalb der Städte, das Weideland erschöpft sich, wird von zu großen Schaf- und Ziegenherden überweidet. Zwischen den »yaylas«, den Bergalmen mit den Sommerquartieren der Bauern, im Süden und dem Tuz Gölü, dem riesigen Salzsee im Norden, verband der Ulu Yol, der Große Weg, schon zur Zeit der Seldschuken die Städte Konya und Kayseri, damals die wichtigsten des Sultanats. Alte Karawansereien sind noch erhalten, die imposanteste ist der Sultan Hanı, erbaut 1229 mit reich geschmücktem Portal, etwa halbwegs auf der Strecke von Konya nach Nevşehir.

Antalya → Göreme

Wer von **Antalya** nach Kappadokien reist, kann ohne großen Abstecher **Konya** (rund 760 000 Einw.) besuchen. Eine traditionell konservativ muslimische Stadt, zugleich ein Hauptort von Industrie und Handel und mit mehr breiten Boulevards und mehr grünen Parks ausgestattet als die meisten anderen Städte Inneranatoliens. Bewunderer historischer Architektur und Bildhauerkunst finden in der einstigen Hauptstadt der Seldschuken kostbare Steinmetzarbeiten an Moscheen und Medresen, dazu mehrere Museen der Kunst und der Geschichte.

Wichtigstes Pilgerziel ist unter markanter grüner Kegelkuppel der Konvent des Derwischordens der Mevlevî (Mevlana Tekkesi), das seit dem Verbot des Ordens 1925 staatliches Museum ist. In der Halle Huzuri Pir (= Gegenwart des Heiligen) drängen sich die Besucher, wollen mit Händen und Lippen Sarkophage des Mevlana Celal-ed-Din Rumî und seiner nächsten Anhänger berühren. Der Ordensgründer, der aus Zentralasien stammte, lebte, dichtete und lehrte fast ein halbes Jahrhundert in Konya und starb 1273. Heute führen seine Anhänger auch wieder in langen weißen Gewändern zu Flötenspiel die rituellen Drehtänze (Sema) auf .

Die Kappadokien-Rundfahrt führt durch eine bezaubernd einzigartige Erosionslandschaft mit Hunderten von Felskegeln, Höhlenwohnungen und Höhlenkirchen. Viele Touristenbusse sind unterwegs, doch abseits der Straßen wandernd erlebt mancher in den unverbaut erhaltenen Tälern magische Augenblicke angesichts der fantastischen Felsformungen. Die Entfernungen von Ort zu Ort sind nicht sehr groß, Busverbindungen machen den Mietwagen entbehrlich, wenn man gut zu Fuß und nicht zu knapp an Zeit ist. Als Standquartier bietet sich das Landstädtchen

Ürgüp (rund 15 000 Einw.) an, wo man von der Auto- und Zweiradvermietung bis zum türkischen Bad und Bauernmarkt, vom Bus-Terminal bis zu Bars und Discos allerlei Service vorfindet. Zum Stadtfelsen aufsteigen, den Gipfelblick genießen! Übrigens sind zu entsprechenden Preisen auch hochkomfortable Höhlenquartiere im Angebot.

Das westlich benachbarte Ortahisar (5000 Einw.) hat den wohl imposantesten Felsturm, der mit seinen Galerien, Durchgängen, Treppen und Höhlenquartieren bis fast hinauf zur Spitze schon surreal anmutet. Und fährt man weiter nach **Uçhisar** (=die Festung am Rande, 3900 Einw.), zieht wiederum ein Stadtfelsen von monumentaler Größe den Blick auf sich.

Ob von Ortahisar oder Uçhisar, es gibt Straßen zum Dorf Göreme, zum Nationalpark Göreme und zum **Göreme Open Air Museum**. Dieses Museum ist ein Talrund mit Tuffstein-Steilhängen, aus denen Seite an Seite Klosterräume, Kapellen und Kirchen herausgemeißelt wurden, manche mehrstöckig. Auf drei weitere Kirchen mit tausendjährigen Wandmalereien stößt man schon auf dem Weg von Göreme zum Museum. Herrlich wirken die biblischen Szenen vor tiefblauem Hintergrund in der Tokalı-Kirche (=Schnallenkirche).

Man soll nicht vergessen: Die Christen sammelten sich in der Göreme-Landschaft Kappadokiens nicht aus Freude an der Erosionslandschaft und ihrer Fruchtbarkeit, sie suchten einen möglichst sicheren, küstenfernen Ort wegen der häufigen arabischen Überfälle. Das Heer des kaiserlichen Byzanz half wenig. Fährt man von Uçhisar südwärts, sieht man mit eigenen Augen, welchen Maßnahmen die Menschen in Kappadokien sich unterwarfen: Stockwerk um Stockwerk gruben sie Gänge und Wohnhöhlen in den mürben Fels, 85 m und noch tiefer. So entstanden die unterirdischen Städte **Kaymaklı** und **Derinkuyu**.

Riesige Mühlsteine verschlossen die Zugänge zu jedem Stockwerk, Luft kam durch schmale Schächte,

Der 60 Meter hohe Burgfels, dessen Inneres einst bewohnt war, ist das Wahrzeichen Uçhisars. Dem Ausdauernden bietet sich von oben ein herrlicher Blick auf die Umgebung.

MERIAN-Tipp

9 Museum der Frauenhaare

Der Töpfer Galip in Avanos sammelt in seinem Höhlenmuseum Haare, genauer Frauenhaare. Männer haben freien Eintritt, von Frauen erbittet Galip eine Haarsträhne – und weiß selber nicht mehr, wie viele an den Wänden und unter der Decke hängen, blond, schwarz und braun, mitsamt den Adressen. Die Spende bringt auch Chancen mit sich: Einmal im Jahr wird gelost, und die Gewinnerin wird zu einem zweiwöchigen Keramikkurs eingeladen. → S. 111, F 3

Wasser aus Zisternen, Lebensmittel wurden gelagert, die es ermöglichten, Tage und Wochen, Monate auszuharren. Oft nur gebückt in schmalen Gängen, doch nicht ohne dürftiges elektrisches Licht erkunden heute Besucher Kappadokiens Unterwelt. Die Anfänge der unterirdischen Städte liegen wohl schon Jahrhunderte vor Christi Geburt, Ausgrabungen deuten auf insgesamt etwa drei Dutzend solcher Zufluchtsorte.

Doch Kappadokien lädt ins Helle ein: in die breiten, auch begrünten Täler und zu den heute verlassenen Felskirchen christlicher Einsiedler und Mönche. Nach dem Vorbild gemauerter Kirchen meißelten sie Tonnengewölbe und Kuppeln, Bögen und Säulenkapitelle aus dem Tuff. Rund 150 Kirchen sind es, viele davon auch mit Wandbildern geschmückt. Nach schweren Verwüstungen bemüht sich seit den frühen 70er-Jahren des 20. Jh. die UNESCO um Sicherung und Restaurierung des Erhaltenen oder noch nicht ganz Verlorenen. Tipp für Fotografen: hochempfindliche Filme und ein Stativ mitbringen!

Ürgüp → Avanos → Ürgüp

Die Rundfahrt kann nach Norden noch weiter ausgreifen: nach **Çavusin**, wo vor einem halben Jahrhundert mitten im Dorf eine Tuffsteinfelswand herabstürzte – mit Stegen kann man den Rest ersteigen, die Ruine der uralten Johannes-Kirche erkunden. Weiter nach Avanos und schließlich über

Seit wann die Felsenhöhlen als Wohnräume genutzt wurden, ist unbekannt. Bewiesen ist, dass Zelve im 11. bis 13. Jahrhundert wichtiges christliches Gemeindezentrum war.

Zelve wieder zurück nach Ürgüp. **Avanos** ist weniger für seine Felswohnungen, sondern vor allem für seine Keramik bekannt – und für das kuriose Museum der Frauenhaare des Keramikers Galip. Den Ton für ihre Keramik bringt den Avanos-Töpfern der Kızılırmak (=roter Fluss), der längste Fluss Anatoliens.

Zelve dagegen musste wegen akuter Einsturzgefahr von den Bewohnern geräumt werden; ein neuer Ort, »Yeni Zelve«, entstand. Drei Täler öffnen sich in der Nachbarschaft, teils über Eisentreppen erreicht man im dritten Tal noch wieder andere Höhlenkirchen. Von der Straße Zelve–Ürgüp öffnet sich das Devrent-Tal, besonders dicht stehen hier die schlanken Felskegel, die einen schweren, harten und meist dunklen Deckstein tragen. Der widersteht der Erosion und schützt zugleich auch den Tuffsteinkegel. **Feenkamine** (»peri bacaları«) heißen sie auf türkisch. Das passt ja wohl für diese Landschaft fantastischer Formen!

Göreme → Ankara

Auf der Fahrt von Kappadokien Richtung Ankara kann die Steppenweite vor den Gebirgshorizonten Inneranatoliens zum starken Eindruck werden. Nur von März bis Mai grünt und blüht die Steppe, mit einer Fülle der Wildtulpen, die zu einem der beliebtesten Motive türkischer Kunst wurden.

Ankara spielte eine Hauptrolle im türkischen Befreiungskrieg, der die nahezu totale Aufteilung des Landes unter den Siegermächten des Ersten Weltkrieges verhinderte. Damals zählte die kleine Provinzstadt etwa 30 000 Einwohner, um 1980 hatte Ankara mit seinen Randorten schon etwa zwei Millionen Einwohner, heute wohl rund vier Millionen. Atatürk machte Ankara (einst das Ankyra der Römer) 1923 zur neuen Hauptstadt, Instrument und Symbol einer gesamttürkischen Westorientierung.

Hochinteressant ist es, im heutigen Ankara zu beobachten, wie dieser Versuch geglückt ist, zu dem der deutsche Architekt Hermann Jansen als Stadtplaner berufen wurde. Historische Monumente gibt es quer durch die Zeiten zu sehen: den römischen Augustus-Tempel und römische Thermen, die mächtigen Mauern der Zitadelle (Ankara Kelesi) aus dem 7. Jh., muslimische »Waldmoscheen« (mit hölzernen Säulen) aus dem 13. Jh., das Anit Kabir, das imperiale Mausoleum für den 1938 verstorbenen Atatürk. Statt Ruhmestrophäen zeigt die Erinnerungshalle Atatürk-Sätze. Ein General war er, aber er hat gesagt: »Wenn ein Volk nicht in Lebensgefahr ist, ist Krieg ein Verbrechen«.

Unter Ankaras Museen ist das 10 **Museum der anatolischen Zivilisationen** unentbehrlich für die Begegnung mit Anatoliens 9000-jähriger Geschichte – eine der weltweit großartigsten Sammlungen zur Frühgeschichte der Menschheit.

Endpunkt der Tour sind die 190 km östlich von Ankara gelegenen Ruinen der Hethiter-Hauptstadt **Hattuşa** (→ MERIAN-Tipp, S. 95).

MERIAN-Tipp

10 Die Hauptstadt der Hethiter

Eine der wichtigsten frühen Zivilisationen Anatoliens hat uns die Ruinen ihrer Hauptstadt Hattuşa hinterlassen. Die indoeuropäischen Hethiter beherrschten um 1700 v. Chr. das erste Großreich auf anatolischem Boden; sie schufen auch die ersten Großskulpturen in Anatolien, und sie entwickelten eine eigene Schrift. 190 km östlich von Ankara findet man die Tempel- und Palastreste Hattuşas in Bergeinsamkeit bei der kleinen Stadt Boğazkale – ein Schlüsselort der Kultur, schon seit 1986 auf der UNESCO-Liste des Welterbes.

→ S. 111, F 2

Wissenswertes über die Türkei

»Olivenriviera« heißt die Landschaft um den Golf von Edremit (→ S. 41). Die Ernte der Ölfrucht ist überwiegend Sache der Frauen. Trotz zahlreicher Versuche, die Olivenernte zu mechanisieren, ergeben handgepflückte Früchte noch immer das beste Öl.

Von A(nreise) bis Z(oll): viele nützliche Infos zur Reisevorbereitung und für den Aufenthalt vor Ort. Mit Geschichtstabelle, Sprachführer, Essdolmetscher und Angaben zu den Verkehrsverbindungen.

Jahreszahlen und Fakten im Überblick

10 000 v. Chr.
Erste Besiedelung Anatoliens, im folgenden Jahrtausend »Neolithische Revolution« (Ackerbau und Viehzucht beginnen).

8000–6000 v. Chr.
Früheste Städte, wie beispielsweise Catal Hüyük, mit ältesten bekannten Wandmalereien.

3000–2500 v. Chr.
Älteste Troja-I-Schicht. Marmoridole, kupferne Dolche.

2500–2000 v. Chr.
Trojas Seehandel mit Ägäisländern und dem Vorderen Orient. Goldschmiedekunst: »Schatz des Priamos«.

um 1500 v. Chr.
Hethitisches Großreich bis zur Ägäis, Hauptstadt Hattusa.

seit 1200 v. Chr.
Dorische, dann ionische und äolische Wanderung – griechische Besiedlung der kleinasiatischen Ägäisküste. Trojanischer Krieg.

11. Jahrhundert v. Chr.
Gründung von Milet und anderen Griechenstädten.

8. Jahrhundert v. Chr.
Griechische Alphabete entstehen an der Ägäisküste.

um 680–546 v. Chr.
Lydisches Reich mit Hauptstadt Sardes, erste bekannte Münzprägung.

seit 546 v. Chr.
Persisches Großreich unterwirft die Griechenstädte der Küste.

um 544–483 v. Chr.
Heraklit, Philosoph aus Ephesos.

um 480–425 v. Chr.
Geschichtsschreiber Herodot aus Halikarnassos (Bodrum).

um 330 v. Chr.
Alexander der Große beendet die Perserherrschaft.

nach 323 v. Chr.
Die Nachfolger Alexanders des Großen streiten um das Erbe, Gründung Pergamons, Erfindung des Pergaments.

123 v. Chr.
Westanatolien wird als »Provinz Asia« römisch.

45–56 n. Chr.
Missionsreisen des Apostels Paulus, u. a. nach Ephesos.

325–337
Konstantin der Große. Byzanz (Konstantinopel) wird neue Reichshauptstadt. Glaubensbekenntnis von Nikäa.

391
Kaiser Theodosius: Christentum wird Staatsreligion des Römischen Reichs.

527–565
Kaiser Justinian: Corpus Juris, Gesetzsammlung. Hagia Sophia.

610–641
Kaiser Herakleios: Ostrom wird Byzantinisches Reich, Griechisch wird Staatssprache.

1054
Schisma zwischen römisch-katholischer und griechisch-orthodoxer Kirche.

1071
Byzanz unterliegt bei Mantzikert (Malazgirt) den Türken. Beginn der türkischen Eroberung Anatoliens

1204
Truppen des Vierten Kreuzzuges erobern und plündern Konstantinopel.

1453
Mehmet II. Fatih (»der Sieger«) erobert Konstantinopel, das Osmanische Reich wird Großmacht.

1522
Auch die Johanniter-Festung Bodrum unterliegt den Truppen Süleymans des Prächtigen.

1571
In der Seeschlacht von Lepanto verlieren die Osmanen die Vorherrschaft im Mittelmeer.

1683
Zweite osmanische Belagerung Wiens, ein Rettungsheer verhindert die Eroberung.

1727
Erste Druckerei im Osmanischen Reich.

1829
Griechenland hat sich seine Unabhängigkeit erkämpft, die kleinasiatische Ägäisküste bleibt jedoch unter türkischer Herrschaft.

1876
Erste osmanische Verfassung (wird 1877–1908 außer Kraft gesetzt).

1881
Schuldenverwaltung der Großmächte sichert sich Zugriff auf die wichtigsten osmanischen Staatseinnahmen.

1915/1916
Unter horrenden Opfern auf beiden Seiten widerstehen die Türken unter Kemal Pascha (später: Atatürk) der alliierten Dardanellen-Invasion.

1918
Als Verbündeter der »Mittelmächte« gehört das Osmanische Reich zu den Verlierern des Ersten Weltkriegs.

1922
Kemal Pascha führt den national-türkischen Widerstand gegen die Besetzung des Landes zum Sieg.

1923
Friedensvertrag von Lausanne, türkisch-griechischer Bevölkerungsaustausch. Gründung der Türkischen Republik. Öffnung zum Westen.

1945
Im Zweiten Weltkrieg neutral geblieben, führt die Türkei die Mehrparteien-Demokratie ein.

1952
NATO-Mitgliedschaft.

1974
Nach Angriffen der Zyperngriechen besetzen türkische Truppen den Nordteil Zyperns.

1983
Turgut Özals Wirtschaftsreform bringt Boom und Inflation.

1992
Mit der Fertigstellung des Atatürk-Staudamms ist ein Hauptstück des Südostanatolien-Projekts vollendet.

1995
Das Europäische Parlament stimmt der Aufnahme der Türkei in die Zollunion zu.

1998
Krise der türkischen Beziehungen mit der Europäischen Union.

2000
Nach dem Ende der Kämpfe mit der PKK neue Attraktivität der Türkei als Tourismusland.

2004/2006
Türkei in der Spitzengruppe europäischer Tourismusländer, jährlich 20 Mio. Touristen. Währungsreform: Neue türkische Lira.

Nie wieder sprachlos

Ausspracheregeln

c: dtsch, wie in »Dschungel«
ç: tsch, wie in »Tschako«
ğ: längt die Vokale im Auslaut, schwach zu hören zwischen dunklen Vokalen wie ein deutsches »j«
ı: wie unbetontes deutsches »e«, z. B. in »schwimmen«
j: wie in französisch »journal«
s: Immer scharf, wie in »Fass«
ş: wie deutsches »sch«
z: das weiche deutsche »s« wie in »singen«
y: wie deutsches »j«. Zusammen mit Vokalen bildet es die Diphtonge, »ay« wie in »Ei«, »ey« wie in englisch »saint«, »oy« wie »äu«

Wichtige Wörter und Ausdrücke

ja	*evet*
nein	*hayır*
bitte	*lütfen*
danke	*teşekkür ederim/ sağ olun*
Wie bitte?	*efendim?*
Ich verstehe nicht	*anlamadım*
Entschuldigung	*özür dilerim/ affedersiniz*
Guten Morgen	*günaydın*
Guten Tag	*iyi günler*
Guten Abend	*iyi akşamlar*
Hallo	*merhaba*
Ich heiße...	*ismim...*
Ich komme aus...	*...'den/... 'dan geliyorum*
Wie geht's?	*nasılsınız?/nasılsın?*
Danke, gut	*teşekkür ederim, iyiyim*
Wer, was, welcher?	*kim?, ne?, hangi?*
Wie viel?	*kaç?, ne kadar?*
Wo ist?	*... nerededir?*
Wann?	*ne zaman?*
Wie lange?	*ne kadar?*
Sprechen Sie Deutsch?	*Almanca biliyor musunuz?*
Auf Wiedersehen!	*iyi günler!*
heute	*bugün*
morgen	*yarın*
gestern	*dün*

Zahlen

eins	*bir*
zwei	*iki*
drei	*üç*
vier	*dört*
fünf	*beş*
sechs	*altı*
sieben	*yedi*
acht	*sekiz*
neun	*dokuz*
zehn	*on*
hundert	*yüz*
tausend	*bin*
hunderttausend	*yüzbin*
eine Million	*milyon*

Wochentage

Montag	*pazartesi*
Dienstag	*salı*
Mittwoch	*çarşamba*
Donnerstag	*perşembe*
Freitag	*cuma*
Samstag	*cumartesi*
Sonntag	*pazar*

Mit und ohne Auto unterwegs

Wie weit ist es nach...?	*...ne kadar uzaktır?*
Wie kommt man nach...?	*...'e/...'a nasıl gidilir ...?*
Wo ist...?	*nerededir ...?*
– die nächste Werkstatt	*en yakın tamiratçı*
– der Bahnhof/ Busbahnhof	*gar/otogar*
– die nächste U-Bahn/ Bus-Station	*en yakın metro istasyonu/otobüs durağı*
– der Flughafen	*havaalanı*
– Touristeninformation	*turizm danışması*
– die nächste Bank	*en yakın banka*

– die nächste Tankstelle	*en yakın benzin istasyonu*
– ein Arzt/eine Apotheke	*bir doktor/ bir eczane*
Bitte volltanken!	*doldurun, lütfen*
Normalbenzin	*normal (benzin)*
Super	*süper*
Diesel	*mazot*
bleifrei	*kurşunsuz*
rechts	*sağ*
links	*sol*
geradeaus	*düz*
Ich möchte ein Auto/ein Fahrrad mieten	*bir araba/bir bisiklet kiralamak istiyorum*
Wir hatten einen Unfall	*bir kaza geçirdik*
Eine Fahrkarte nach ... bitte!	*...'e/...'a bir bilet, lütfen!*
Ich möchte ... Euro in ... (Währung) wechseln	*...Euro ... Türk Lirası'na (liraya) bozdurmak istiyorum*

Hotel

Ich suche ein Hotel	*bir otel arıyorum*
Ich suche ein Zimmer für ... Personen	*...kişi için bir oda arıyorum*
Haben Sie noch Zimmer frei?	*boş odanız var mı?*
– für eine Nacht	*bir geceliğe*
– für zwei Tage	*iki günlüğe*
– für eine Woche	*bir haftalığa*
Ich habe ein Zimmer reserviert	*bir oda ayırtmışım*
Wie viel kostet das Zimmer?	*odanın fiyatı ne kadardır?*
– mit Frühstück	*kahvaltı dahil*
– mit Halbpension	*yarım pansiyon ile*
Kann ich das Zimmer sehen?	*odayı görebilir miyim?*
Ich nehme das Zimmer	*odayı alacağım*
Kann ich mit Kreditkarte zahlen?	*kredi kartı ile ödeyebilir miyim?*

Im Restaurant

Die Speisekarte bitte	*mönüyü rica edebilir miyim*
Die Rechnung bitte	*hesabı getirir misiniz* oder *hesap lütfen*
Ich hätte gerne einen Kaffee	*bir kahve alabilir miyim*
Wo finde ich die Toiletten (Damen/ Herren)?	*tuvaletler nerededir (bayanlar/ baylar)?*
Gabel	*çatal*
Glas	*bardak*
Löffel	*kaşık*
Messer	*bıcak*
Teller	*tabak*
Wasser	*su*
Mineralwasser	*maden suyu*
Kellner	*garson*
Frühstück	*kahvaltı*
Mittagessen	*öğle yemeği*
Abendessen	*akşam yemeği*

Einkaufen

Wo gibt es...?	*nerede var?/nereden alabilirim?*
Haben Sie...?	*...iniz/...ınız/...unuz/ ...ünüz var mı?*
Wie viel kostet das?	*bunun fiyatı nedir?*
Das ist zu teuer	*bu çok pahalıdır*
Geben Sie mir bitte 100 g/ ein Pfund/ ein Kilo	*bana yüz gram/ yarım kilo/bir kilo verir misiniz?*
Danke, das ist alles!	*bu kadardır, teşekkür ederim!*
geöffnet/ geschlossen	*açık/kapalı*
Bäckerei	*pastane*
Kaufhaus	*mağaza*
Markt	*pazar/çarşı*
Lebensmittelgeschäft	*bakkal*
Briefmarken für einen Brief/ eine Postkarte nach Deutschland/Österreich/in die Schweiz	*Almanya'ya/ Avusturya'ya/ İsviçre'ye bir mektup/bir kartpostal için bir pul*

Die wichtigsten kulinarischen Begriffe

A
acı: scharf, bitter
afiyet olsun!: guten Appetit!
ahtapot: Oktopus
akşam yemeği: Abendessen
alabalık: Forelle
Antep fıstığı: Pistazie
armut: Birne
ayva: Quitte

B
bahşiş: Trinkgeld
bakar mısınız: Herr Ober!
bal: Honig
balık: Fisch
barbunya: Seebarbe
bardak: Glas
beyaz peynir: Schafskäse
beyaz şarap: Weißwein
beyin: Hirn
bezelye: Erbsen
biber: Paprika, Pfeffer
bıçak: Messer
bıldırcın: Wachtel
bira: Bier
bonfile: Steak
bulgur: Weizenschrot, Kuskus
buz: Eis, Eiswürfel

C/Ç
cacik: Jogurt mit Dill, Gurke und Knoblauch
çatal: Gabel
çay: Tee
ciğer: Leber
çilek: Erdbeere
çoban salatası: gemischter Salat
çorba: Suppe

D
dana eti: Kalbfleisch
dil balığı: Scholle
dolmalar: gefüllte Gemüse
domates: Tomaten

E
ekmek: Brot
elma: Apfel
enginar: Artischocke
erik: Pflaume (meist roh gegessen)
et, etler: Fleisch(-gerichte)

F
fasulye: Bohnen
fincan: Tasse
fındık: Nuss
fırında: überbacken
fıstık: Pistazien

G
gözleme: dünne, gefüllte Teigblätter
güllaç: Süßspeise aus Reisteig und Nüssen

H
hamsi: kleine Schwarzmeersardelle
havuç: gelbe Rübe
hesap, lütfen!: die Rechnung, bitte!
hindi: Truthahn
humus: Kichererbsenpüree

I/İ
içecek: Getränk
içki: alkoholisches Getränk
içkisiz: ohne Alkoholausschank
incir: Feige
işkembe çorbası: Kuttelsuppe
ispanak: Spinat
ızgara, ızgaralar: gegrillt

K
kahvaltı: Frühstück
kahve: Kaffee
kalkan: Steinbutt
karabiber: schwarzer Pfeffer
karides: Krabben, Garnelen
karnabahar: Blumenkohl
karpuz: Wassermelone
kaşar peyniri: Hartkäse
kaşık: Löffel, Suppenlöffel
kavun: Honigmelone
kayısı: Aprikose
kefal: Seebarbe
kestane: Kastanie
kılıç balığı: Schwertfisch
kırmızı şarap: Rotwein
kıyma: Hackfleisch
köfte: Fleischbällchen

koyun eti: Hammelfleisch
kumpir: Backkartoffel, gefüllt
kurabiye: Plätzchen
kuzu eti: Lammfleisch

L

lahana: Kohl
levrek: Seebarsch
limon: Zitrone
liste, yemek listesi: Speisekarte

M

maden suyu: Mineralwasser
makarna: Nudeln
mantar: Pilze
marul: Eisbergsalat
maydanoz: Petersilie
mercan: Rotbrasse
mercimek: Linsen
meyva: Obst
mezeler: Vorspeisen
mönü: Speisekarte
muz: Banane

N

nar: Granatapfel
nohut: Kichererbse

O

öğle yemeği: Mittagessen
ördek: Ente

P

palamut: Tunfisch
pancar: rote Rüben
patates: Kartoffeln
– *salatabı:* Kartoffelsalat
patlıcan: Aubergine
peçete: Serviette
peynir: Käse
piliç: Hähnchen
pirasa: Lauch
pirinç pilav: Reis
pirzola: Lammkotelett
pişmiş: gekocht, »durch«
porsyon: Portion
portakal: Orange
puf böreği: börek aus Blätterteig

R

rakı: Anisschnaps
reçel: Marmelade

S/Ş

salam: Wurst
salatalık: Gurke
sarımsak: Knoblauch
şeftali: Pfirsich
sek: Wein – trocken; Raki – pur
şeker: Zucker
şerefe!: Prost!
sıcak: heiß, warm
sığır eti: Rindfleisch
sirke: Essig
şişe: Flasche
soğan: Zwiebel
sosis: Frankfurter Würstchen
su: Wasser
sucuk: würzige Wurst
sumak: saures Gewürz
süt: Milch

T

tabak: Teller
tatlı: süß, Nachspeise
tavuk: Huhn
– *göğsü:* mit Hühnerfleisch bereitete, süße Milchspeise
– *suyu:* Hühnerbrühe
taze: frisch, gerade erst fertig geworden
tekir: rote Meerbarbe
tereyağı: Butter
ton balığı: Tunfisch
tuz: Salz

U

uskumru: Makrele
üzüm: Trauben

V

vişne: Sauerkirsche

Y

yağ: Öl, Fett
yengeç: Krebs
yoğurt: Jogurt
yufka ekmeği: dünne Teigfladen
yumurta: Ei (*rafadan:* weich gekocht, *hazırlop:* hart gekocht)

Z

zerde: süß aromatisierter Reis
zeytin: Oliven
zeytinyağ: Olivenöl

Nützliche Adressen und Reiseservice

Auf einen Blick

Fläche: 779 452 qkm

Hauptstadt: Ankara

Höchster Berg: Ağrı Dağı (Ararat) 5165 m

Einwohnerzahl: 65 Millionen

Religion: 98 % Muslime, in der Mehrzahl Sunniten, doch auch rund ein Drittel religiös weniger strenge, Schiiten-nahe Alewiten.

Staatsform: Republik (demokratischer und sozialer Rechtsstaat, gemäß der neuen, seither in mehreren Punkten westlichen Maßstäben angeglichenen Verfassung von 1982)

Wirtschaft: Die traditionell stark auf Staatsbetriebe orientierte Wirtschaftspolitik wurde bereits in den 80er-Jahren liberalisiert. Nach starkem Aufschwung folgte eine Schuldenkrise mit extremen Inflationsraten. In jüngster Zeit stabilisierte sich die Wirtschaft. 2005 Währungsreform – Preise in »Yeni Türk Lirasi« haben sechs Nullen weniger! Die »Neue Lira« YTL entspricht 100 Kuru, gesprochen Kurusch.

Anreise

Mit dem Flugzeug

Für den Linienverkehr bieten Turkish Airlines (THY, Türk Hava Yolları) einen ermäßigten Monatstarif bei einem Aufenthalt von mindestens sechs Tagen und höchstens vier Wochen. In jüngster Zeit gibt es sogar Angebote von Billigairlines – allerdings ist die Auswahl sehr begrenzt.

Mit dem Bus oder eigenem Wagen

Die Anreise auf dem Landweg ist wegen der bürokratischen Verzögerungen und der Kosten im ehemaligen Jugoslawien nicht zu empfehlen. Auch der mögliche Umweg über Budapest/Bukarest schließt das Risiko eines tagelangen Aufenthalts an der rumänischen Grenze und am Donauübergang ein. Aktuelle Informationen können Sie beim regionalen ADAC erfragen. Die Busreise ist dank starken Wettbewerbs immer noch die billigste Anreise. Eine alternative Anreisemöglichkeit bieten Autoreisezüge und Autofähren.

Mit dem Schiff

Ganzjährig verkehren Autofähren der Turkish Maritime Lines zwischen Venedig und İzmir, von Juni bis September auch zwischen Brindisi und Çeşme. Die Preise sind je nach Kabinenqualität und Saison verschieden, von 155 € pro Person (Pullmann-Schlafsessel) und 143 € für den Wagen bis zu 460 € pro Person und 185 € für den Wagen (jeweils eine Richtung Venedig-İzmir, einschließlich Vollpension und Hafentaxe).

Mit der Bahn

Nach jahrelangen Schwierigkeiten ist die Benutzung von Autoreisezügen von der österreichischen (Villach) oder ungarischen Grenze zur türkischen wieder ohne große Verspätungen möglich (Fahrtdauer etwa 24 bis 28 Stunden).

Auskunft

Staatliches Türkisches Fremdenverkehrsamt

- Baseler Str. 35–37, 60329 Frankfurt; Tel. 0 69/23 30 81 und 23 30 82, Fax 23 27 51; E-Mail: inftuerkei@aol.com
- Tauentzienstr. 9-12 - Europacenter, 6. Stock, 10789 Berlin; Tel. 0 30/2 14 37 52 und 2 14 38 52, Fax 2 14 39 52; E-Mail: info@tuerkei_kultur_info.de
- Singer Str. 2/8, 1010 Wien; Tel. 0 22/ 5 12 21 28-29, Fax 5 13 83 26; E-Mail: office@turkinfo.at; www.turkinfo.at
- Stockerstr. 55, 8002 Zürich; Tel. 01/ 2 21 08 10 und 2 21 08 12, Fax 2 12 17 49; E-Mail: tuerkeiinfo@bluemail.de

Internetseiten des Tourismus-Ministeriums
www.tuerkei-ferien.de
www.antalya.de
www.reiseland-tuerkei.de
www.allaboutturkey.com
www.ratgeber-tuerkei.de

Der türkische Tourismusboom hat die Effizienz der örtlichen Informationsämter erfreulich verbessert (Adressen bei den Ortskapiteln):

Behinderte

Zu wenig barrierefreie Unterkünfte, zu wenig behindertengerechte Infrastruktur, das trifft noch immer für die türkischen Ferienzentren zu. Doch gibt es heute eine Reihe von Hotels, die zumindest einzelne entsprechend ausgestattete Zimmer anbieten. In der Website www.antalya.de sind rund zwei Dutzend solcher Hoteladressen aufgeführt, von Kemer bis Alanya.

Buchtipps

Kaum ein Buch gibt so atmosphärisch dicht das Leben in einer tourismusfernen Stadt der Türkei wieder wie der 2005 deutsch bei Carl Hanser erschienene Roman »Schnee« von Orhan Pamuk, der als erster türkischer Autor 2006 mit dem Literatur-Nobelpreis ausgezeichnet wurde. Einen kundigen, konzentrierten Überblick geben die Autoren Christopher Kubaseck und Christoph K. Neumann in dem Band »Türkei« der Reihe »Bucher Global« (C. J. Bucher Verlag).

Diplomatische Vertretungen

Botschaft der Bundesrepublik Deutschland
Atatürk Bulvarı 114, Ankara-Kavaklıdere; Tel. 3 12/45 55-1 00; Fax 42 66 95; www.ankara.diplo.de

Deutscher Honorarkonsul
Yeşilbaçe Mah., 1447 Sok., Gürkanlar Apt., Kat. 5, No 14, Antalya; Tel. 2 42/3 14 11 01 und -02, Fax 2 42/3 21 69 14

Österreichischer Honorarkonsul
Namık Kemal Bulvarı Nr. 82, Antalya; Tel. 2 42/3 45 18 00, Fax 3 35 27 38

Schweizer Honorarkonsul Pamfilya Tourism Inc.
Işiklar Cad. No.57/B, 07100 Antalya; Tel. 2 42/2 43 16 66, Fax 2 47 36 66; E-Mail ysobutay@pamfilya.com.tr

Fotografieren

Das Fotografieren militärischer Anlagen ist verboten. In Moscheen sollte man ebenso zurückhaltend fotografieren, Privatpersonen nicht ohne deren Einwilligung.

Geld

Ausländische und türkische Währung darf unbegrenzt eingeführt werden. Achtung: Die neue Währung Yeni Türk Lira, Mehrzahl: Lirasi, hat im Jahr 2006 die alte Währung abgelöst. Die Werte der neuen Währung haben sechs Nullen weniger als die alten.

In der Türkei kann man vielerorts mit Euro bezahlen. Beste Wechselkurse ohne hohe Kommission gibt's in den staatlichen Banken: Halkbank, Ziraat Bank und Vakıf Bank.

Banken sind in der Regel Mo–Fr 8.30–12.30 und 13.30–17.30 Uhr geöffnet, in den Urlaubszentren während der Hochsaison aber auch länger. Kreditkarten werden in Hotels, Restaurants und Läden der Mittel- und Oberklasse immer üblicher.

Medizinische Versorgung

Die Türkei hat mit der Bundesrepublik Deutschland ein Sozialversicherungsabkommen geschlossen. Mit einem Berechtigungsschein Ihrer Krankenkasse haben Sie Anspruch auf medizinische Behandlung. Doch wird von den Kassen zusätzlich eine Rücktransport-Versicherung empfohlen. In größeren Städten sind die ärztliche Versorgung und die Ausstattung der Krankenhäuser recht gut. Medikamente sind meist im Vergleich zu Deutschland sehr preisgünstig.

Notruf

Die wichtigsten Telefonnummern

Allgemeiner Polizei-Notruf 155
Auskunft über Telefonnummern und die geöffneten Apotheken 118
Feuer 110
Notarzt/Krankenwagen 112
Unfall- und Pannendienst des ADAC **→ Mit dem eigenen Wagen, S. 107**

Post

Postämter (gelbes Schild PTT) sind zumeist Mo–Fr von 8.30–12.30 und 13.30–17.30 Uhr geöffnet, Hauptpostämter in den Großstädten Mo–Sa 8–24 und So 9–19 Uhr. Auf zahlreichen Postämtern wird auch – teurer – Telefaxservice und Geldwechsel angeboten.

Reisedokumente

Für einen Aufenthalt von bis zu drei Monaten genügt ein gültiger Reisepass oder der Personalausweis.

Reiseknigge

Kleidung: Abseits von Stränden und Strandhotels keine Shorts bei Männern und Frauen, keine nackten Männeroberkörper und keine schulterfreien Tops bei Frauen.
Moscheen: Vor der Besichtigung die Schuhe ausziehen. Für Frauen liegen leihweise Kopftücher bereit. Wie in Kirchen gilt: kein lautes Sprechen, keine Störung von Betenden.
Zärtlichkeiten: Küsse und andere Zärtlichkeiten übers Händchenhalten hinaus werden in der Öffentlichkeit nicht gern gesehen.

Reisewetter

Schon im Juni kann das Thermometer auf über 35 °C steigen – noch angenehm bei einer Brise am Strand. Wer weniger »hitzebeständig« ist, reist am besten zwischen März und Anfang Juni oder im September und Oktober.

Religion

Über 98 Prozent der Türken sind Muslime. Die Religion hat im täglichen Leben große Bedeutung, obwohl die Türkei kein religiöser, sondern ein säkularer (laizistischer) Staat ist. Der Islam, was vom (arabischen) Wortsinn

Wechselkurse

TRY	EU	CH
NT Lira	Euro	Franken
1	0,53	0,84
2	1,06	1,69
3	1,59	2,54
5	2,66	4,24
10	5,32	8,48
15	7,98	12,73
25	13,31	21,22
40	21,30	33,95
50	26,62	42,44
80	42,60	67,91
100	53,25	84,89
200	106,51	169,78
500	266,29	424,45

Stand: Dezember 2006

Nebenkosten (umgerechnet in €)

1 Tasse Kaffee	0,50–1,50
1 Bier (0,3 l)	1,50–2,50
1 Cola	0,75–1,50
1 Brot (ca. 500 g)	ab 0,25
1 Schachtel Zigaretten	1–2
1 Liter Benzin	1,50
Fahrt mit öffentl. Verkehrsmitteln (Einzelfahrt)	0,55
Mietwagen/Tag inkl. km	ab 30

so viel wie »Ergebung (in Gott)« heißt, ist eine streng monotheistische Religion. Auch viele Regeln des bürgerlichen Lebens – straf-, erb-, grund-, handels- und allgemeinrechtlicher Art – werden vom Islam bestimmt. Daher opponieren religiöse Kreise offen oder latent gegen moderne westliche Demokratie.

Alewiten, die schiitennahe Minderheit, machen rund ein Drittel der türkischen Bevölkerung aus. Alewiten denken und leben in der Türkei liberaler als die Sunniten, sie haben ein individuelleres Gottesverständnis, halten z. B. das fünfmal tägliche Gebet nicht für religiöse Pflicht.

Stromspannung

Überall 220 Volt. Stromausfälle kommen noch vor, auch Stromschwankungen, und sehr abgelegene Landgemeinden sind noch ohne Stromversorgung.

Telefon

Telefonkarten bekommt man in den Postämtern, in Läden und Kiosken.

Vorwahlen

D, CH, A → TR 00 90
TR → D 00 49
TR → A 00 43
TR → CH 00 41

Das türkische Telefonsystem wurde neu strukturiert und arbeitet jetzt effizient. Für Handy-Benutzer: D2-Netz!

Toiletten

Die mediterrane Hocktoilette schätzen Gäste aus Mitteleuropa weniger, mag sie auch hygienisch empfehlenswert sein. So braucht der Tourist nur zu wissen, dass »Bay« oder »Erkek« »Herren« heißt, »Bayan« oder »Kadın« »Damen«.

Trinkgeld

Im Restaurant und Taxi werden etwa 10 Prozent erwartet. Im Hotel ist Trinkgeld nicht unbedingt erforderlich, wird aber gern akzeptiert.

Verkehrsverbindungen

Mit dem eigenen Wagen

Wer von Marmaris bis Antakya reist, legt auf einer der schönsten Mittelmeer-Autoreisen fast 1100 km zurück. Vermutlich wird Ihnen manche Gebirgsstrecke als unzureichend mit Seitenplanken gesichert erscheinen – das trifft zu und erfordert vorsichtiges Fahren. Vorsicht gebietet auch das Drei-Spur-System, das Überholmanöver aus beiden Richtungen gestattet. Die drei Großstädte Antalya, Mersin und Adana sind mit unkomplizierten Umgehungsstraßen oder Durchfahrten ausgestattet.

Wenn Sie nicht in der Hauptsaison unterwegs sind, ist die Verkehrsdichte außerhalb der Ortschaften meist sehr gering. Die neue Autobahn östlich von Mersin, die zur Entlastung der viel befahrenen Hauptstraße in Richtung Osttürkei und Syrien angelegt wurde, ist gebührenpflichtig.

Als Höchstgeschwindigkeit gilt außerorts 90 km/h, in Ortschaften 50 km/h. Mit eigenwilligen Verkehrsteilnehmern und langsameren Fahrzeugen sollte man rechnen und für die Dauer des Urlaubs eine Vollkaskoversicherung abschließen.

In Istanbul gibt es einen deutschsprachigen ADAC: Tel. 2 12/ 2 88 71 90. Bei schweren Unfällen oder Pannen wenden Sie sich an den ADAC München, Tel. 0 89/22 22 22, für Krankenheimholung wählen Sie Tel. 0 89/ 76 76 76, Fax 76 76 25 01.

Türkische Verkehrsschilder entsprechen den internationalen Mustern. Bleifreies Benzin (»Kurşunsuz«) bekommen Sie jetzt an den meisten Tankstellen, und an der Südküste ist das Tankstellennetz dicht genug.

Mietwagen

In den Zentren der Südküste konkurrieren die großen internationalen und zahlreiche kleinere Unternehmen. Ein kleiner Wagen kostet im günstigen 7-Tage-Tarif täglich etwa 38 bis 45 € (unbegrenzte Kilometer).

Bus, Taxi und Dolmuş

Wenn Sie nach dem Otogar, dem Busbahnhof, fragen, weiß in der Türkei jeder Bescheid, denn die Busse sind das wichtigste Verkehrsmittel. Aber nennen Sie Ihr Fahrziel, denn in größeren Orten fahren die Fernbusse von anderen Plätzen ab als der »Vorortverkehr«. Busfahren ist in der Türkei noch immer billig, Komfort und Reisegeschwindigkeit haben bei den meisten Gesellschaften gute Noten.

Taxis erkennt man an der gelben Farbe. Bei längeren Fahrten wird der Preis ausgehandelt, bei kurzen sollte man immer darauf achten, dass der Taxameter eingeschaltet ist.

Das Dolmuş – das Sammeltaxi – ist die kostengünstige Variante und sorgt für die Verbindung mit dem Zentrum. Die Fahrpreise sind festgelegt, es gibt auch Fahrpläne.

Schiff

Ein Linienverkehr längs der Küste wird zwar nicht angeboten, aber an den Kais vieler Urlaubsorte liegen Schiffe und Boote für Ausflüge. Zum Programm der Tagesfahrten gehören meist Picknick und Musik, oft auch Tanz und fast immer Badepausen.

Zeitungen

Türken lesen viel Zeitung. Auf Englisch erscheint täglich die »Turkish Daily News«. Die internationale Presse, auch mehrere deutsche Blätter, findet man in den Touristenzentren.

Zeitverschiebung

Der Zeitunterschied zu Deutschland beträgt eine Stunde.

Zoll

Persönliche Gebrauchsgegenstände sind zollfrei (z. B. bis zu 10 Filme), ebenso 200 Zigaretten oder 50 Zigarren, 200 g Tabak, 50 g Schnupftabak. Zollfrei sind auch 1,5 kg Kaffee, 1,5 kg Pulverkaffee, 500 g Tee, 1 kg Schokolade und 1 kg Süßigkeiten, 5 l alkoholische Getränke, 5 Flaschen Parfüm (max. je 120 ml) sowie Geschenke im Wert von 250 €.

Illegale Souvenirs: Noch wenig bekannt ist das »Gesetz zum Schutz des kulturellen und natürlichen Erbes«. Als Reaktion auf das exzessive Einsammeln von Türkei-Souvenirs greifen Zoll und Polizei hart durch.

Weitere Auskünfte unter www.zoll.de, www.bmf.gv.at/zoll und www.zoll.ch.

Entfernungen (in km) zwischen wichtigen Orten in der Türkei

	Adana	Ankara	Antakya	Antalya	Çanakkale	Istanbul	Izmir	Marmaris	Trabzon	Van
Adana	–	490	191	556	1102	939	896	874	578	726
Ankara	490	–	681	545	650	453	580	684	578	894
Antakya	191	681	–	747	1293	1130	1087	1065	631	694
Antalya	556	545	747	–	723	725	450	318	884	1115
Çanakkale	1102	650	1293	723	–	320	319	607	1084	1431
Istanbul	939	453	1130	725	320	–	566	794	873	1178
Izmir	896	580	1087	450	319	566	–	288	1084	1368
Marmaris	874	684	1065	318	607	794	288	–	1145	1326
Trabzon	578	578	631	884	1084	873	1084	1145	–	414
Van	726	894	694	1115	1431	1178	1368	1326	414	–

Kartenatlas

Orientierung leicht gemacht: mit Planquadraten und allen Orten und Sehenswürdigkeiten.

Legende

Routen und Touren

- Pamukkale und Aphrodisias (S. 88)
- Von Alanya nach Antakya (S. 89)
- Von Antalya nach Kappadokien und Hattuşa (S. 92)

Sehenswürdigkeiten

- MERIAN-TopTen
- MERIAN-Tipp
- Sehenswürdigkeit, öffentl. Gebäude
- Sehenswürdigkeit Kultur
- Sehenswürdigkeit Natur
- Kirche; Kloster
- Klosterruine
- Moschee
- Schloss, Burg; Ruine

Sehenswürdigkeiten ff.

- Museum
- Leuchtturm
- Archäologische Stätte
- Höhle

Verkehr

- Autobahn
- Autobahnähnliche Straße
- Fernverkehrsstraße
- Hauptstraße
- Nebenstraße
- Unbefestigte Straße, Weg
- Parkmöglichkeit
- Busbahnhof

Verkehr ff.

- Bahnhof
- Flughafen; -platz
- Schiffsanleger

Sonstiges

- Information
- Denkmal
- Markt
- Aussichtspunkt
- Strand
- Nationalpark
- Naturpark
- Muslimischer Friedhof

A B C

Haskovo
Harmanli
BULGARIEN
Ahtopol
Malko Tarnovo
Rezovo
Dereköy
İğneada
Kardâli
Edirne
Kırklareli
1031
Krumovgrad
Adras
Podkova
Najlovgrad
Pınarhisar
Saray
Didimótiho
Lüleburgaz
Komotiní
Evros
Ergene
Uzunköprü
Çerkezköy
Karaburun
Iasmos
Sápes
Souflí
Hayrabolu
Subaşı
Marónia
Çorlu
Silivri
Esenyurt
Beykoz
Şile
Alexandroúpoli
Keşan
Malkara
Tekirdağ
İSTANBUL
Sangazi
Enez
Hereke
Kocaeli
Şarköy
Bugraz
Samothráki
Bolayır
Marmarameer
Gebze
İzmit
Gelibolu
Yalova
İznik Gölü
Gölcük
Gelibolu Yarımadası Tarihi M. P.
Erdek
Gökçeada
İmroz
Lâpseki
Gemlik
Mudanya
İznik
Eceabat
Bandırma
Yenişehir
Truva (Troja)
Çanakkale
Biga
Karacabey
BURSA
Sakarya
Moudros
Gönen
Çan
Mustafakemalpaşa
Ulubat Gölü
Uludağ M. P.
Bilecik
Bozcaada
Bayramiç
Susurluk
Uludağ T. 2543
İnegöl
Ezine
Kaz Dağı M. P.
1710
Orhaneli
Bozüyü
Ayvacık
Balikesir
Kepsut
Gülpınar
Assos
Edremit
Harmancik
Kümbet
Ören
Burhaniye
İvrindi
Míthimna
Burhaniye
1344
Savastepe
Tavşanlı
Kalloní
Ayvalık
Bigadiç
1829
Mytilíni
Pergamon
Soma
Emet
Kütahya
Polihnítos
Dikili
Bergama
Sındırgı
Kırka
Kırkağaç
Simav
2120
Çavdarhisar
Çandarlı
Yunt Dağı 1077
Demirci
Altıntaş
Aliağa
Akhisar
Gördes
Gediz
Abide
2308
Başkomutan Tarihi M. P.
Karaburun
Foça
Saruhanlı
Borlu
Kardámila
Menemen
Manisa
Selendi
Uşak
Banaz
Afyon
1218
İZMİR
Turgutlu
Chíos
Çeşme
Spil Dağı M. P.
Sardes
Salihli
Kula
Yavaşlar
Urla
Ulubey
San
Alaçatı
Alaşehir
Eşme
Seferihisar
Torbalı
Bayındır
Ödemiş
Sarıgöl
Çivril
Ephesos
Selçuk
Tire
Dinar
Kuşadası
Nazilli
Hierapolis
Sámos
Söke
Aydın
Sarayköy
Pamukkale
Burdur Gölü
Ágios Kirikos
Amálo
Karacasu
Dilek Yarımadası M. P.
Priene
Koçarlı
Çine
Haydere
Denizli
Cardak
Acıgöl
Aphrodisias
Serinhisar
Burdur
Milet
Tavas
Didyma
1422
Yeşilova
Bucak
Yenihisar
Yatağan
2421
Milas
Muğla
Uğurlu
Yalıkavak
Bodrum
Kálimnos
Ören
Gökova
Gölhisar
Halikarnassos
Köyceğiz
Korkuteli
Karain
Amorgós
Kós
Marmaris
Kaunos
Söğüt
Termessos
Körmen
Hisarönü
Ortaca
Patlangıç
Güllük Dağı M. P.
Kéfalos
Datça
Dalaman
Dalyan
Kaya Köyü
Sakklikent
Antalya
Knidos
Astipálea
Bozburun
Fethiye
Elmalı
Telmessos
2366
Ródos
Ölüdeniz
Pınara
2409
Xanthos
Letoon
Patara
Myra
Kumluca
Afándou
Kalkan
Finike
1215
Kaş
Kale
Monólithos
Líndos
Kaputaş-Strand
Kattavía

A B C

D E F

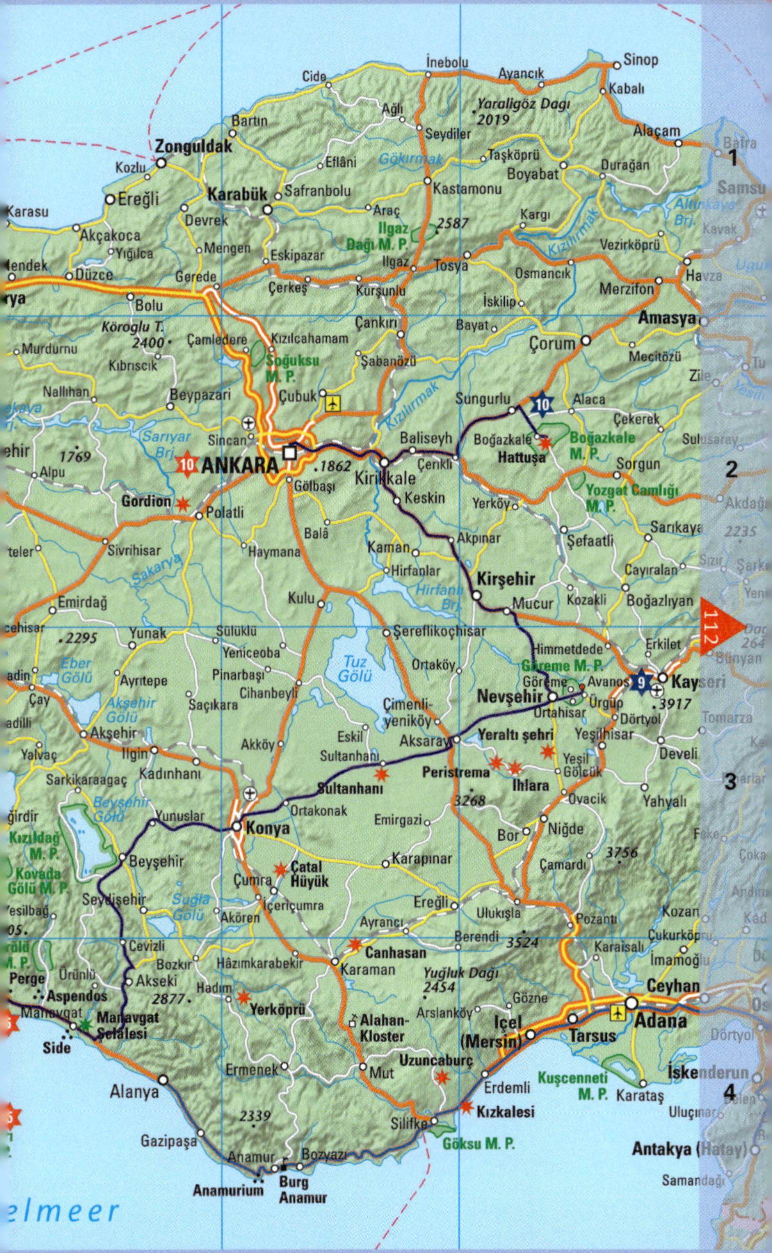

Sinop
İnebolu
Ayancık
Kabalı
Cide
Ağlı
Yaraligöz Dagı 2019
Bartın
Seydiler
Alaçam
Zonguldak
Kozlu
Eflâni
Gökırmak
Taşköprü
Durağan
Boyabat
Ereğli
Karabük
Safranbolu
Kastamonu
Karasu
Araç
Kargı
Devrek
Akçakoca
Yığılca
Ilgaz Dağı M. P.
2587
Kızılırmak
Vezirköprü
Mengen
Eskipazar
Ilgaz
Tosya
Düzce
Gerede
Osmancık
Havza
Çerkeş
Kurşunlu
Merzifon
Bolu
İskilip
Amasya
Çankırı
Bayat
Köroglu T. 2400
Çamlıdere
Kızılcahamam
Çorum
Murdurnu
Soğuksu M. P.
Şabanözü
Mecitözü
Kıbrıscık
Zile
Nallıhan
Beypazari
Çubuk
Sungurlu
Alaca
Çekerek
Sarıyar Brj.
Sincan
Baliseyh
Boğazkale
Boğazkale M. P.
Hattuşa
1769
10
ANKARA
1862
Çerikli
Kirikkale
Sorgun
Alpu
Gölbaşı
Yozgat Çamlığı M. P.
Keskin
Yerköy
Gordion
Polatli
Balâ
Akpınar
Şefaatli
Sarıkaya
Sivrihisar
Haymana
Kaman
Sakarya
Hirfanlar
Hirfanlı Brj.
Kırşehir
Çayıralan
Emirdağ
Kulu
Mucur
Kozakli
Boğazlıyan
2295
Yunak
Sülüklü
Şereflikoçhisar
Yeniceoba
Himmetdede
Erkilet
Eber Gölü
Pinarbaşı
Tuz Gölü
Ortaköy
Göreme M. P.
Göreme
Avanos
9
Kayseri
Ayrıtepe
Cihanbeyli
Nevşehir
Ürgüp
3917
Çay
Saçıkara
Akşehir Gölü
Çimenli-yeniköy
Ortahisar
Dörtyol
Akşehir
Eskil
Aksaray
Yeraltı şehri
Yeşilhisar
Yalvaç
Ilgin
Akköy
Sultanhanı
Yeşil Gölcük
Develi
Sarkikaraagaç
Kadınhanı
Sultanhanı
Peristrema
Ihlara
Beyşehir Gölü
Ortakonak
3268
Ovacik
Yahyalı
Yunuslar
Emirgazi
Kızıldağ M. P.
Konya
Bor
Niğde
Beyşehir
Karapınar
3756
Kovada Gölü M. P.
Çatal Hüyük
Çamardı
Çumra
Seydişehir
Suğla Gölü
İçeriçumra
Ereğli
Ulukışla
Kozan
Akören
Ayrancı
Pozantı
Berendi
3524
Çukurkö
Cevizli
Canhasan
Karaisalı
Bozkır
Hâzımkarabekir
İmamoğlu
Ürünlü
Karaman
Yuğluk Dağı 2454
Perge
Akseki
Hadım
Ceyhan
Aspendos
2877
Gözne
Manavgat
Yerköprü
Arslanköy
Adana
Manavgat Şelâlesi
Alahan-Kloster
İçel (Mersin)
Tarsus
Side
Uzuncaburç
Ermenek
Mut
İskenderun
Alanya
Kuşcenneti M. P.
Erdemli
Karataş
Kızkalesi
Uluçınar
2339
Silifke
Gazipaşa
Göksu M. P.
Antakya (Hatay)
Anamur
Bozyazı
Samandağı
Anamurium
Burg Anamur
elmeer
112
1
2
3
4

D E

0 90 km

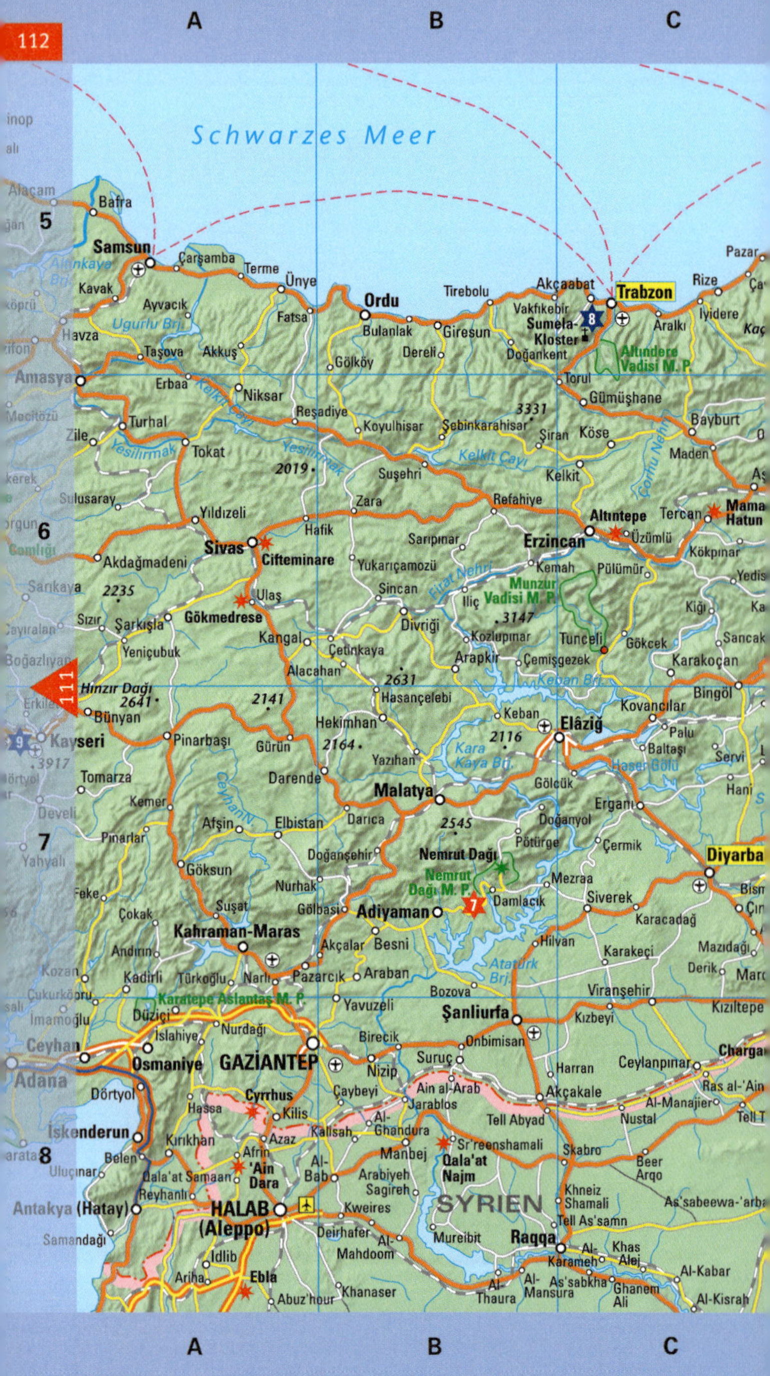
A
B
C
5
6
7
8
111
Schwarzes Meer
Sinop
Alaçam
Bafra
Samsun
Çarşamba
Terme
Ünye
Ordu
Tirebolu
Akçaabat
Trabzon
Rize
Pazar
Kavak
Ayvacık
Fatsa
Bulanlak
Giresun
Vakfıkebir
Sumela-Kloster
Aralkı
Iyidere
Havza
Uğurlu Brj.
Taşova
Akkuş
Gölköy
Dereli
Doğankent
Altındere Vadisi M. P.
Amasya
Erbaa
Niksar
Kelkit Çayı
Reşadiye
Torul
Gümüşhane
Bayburt
Turhal
Zile
Koyulhisar
Şebinkarahisar
3331
Şiran
Köse
Maden
Tokat
Yeşilırmak
2019
Kelkit Çayı
Kelkit
Çoruh Nehri
Suşehri
Sulusaray
Zara
Refahiye
Yıldızeli
Hafik
Altıntepe
Tercan
Mama Hatun
Sivas
Cifteminare
Sarıpınar
Erzincan
Üzümlü
Kökpınar
Akdağmadeni
Yukarıçamozü
Kemah
Pülümür
Munzur Vadisi M. P.
Fırat Nehri
Sincan
İliç
2235
Ulaş
Gökmedrese
Şarkışla
Sızır
Kangal
Divriği
3147
Kozlupınar
Tunceli
Gökçek
Kiğı
Yeniçubuk
Çetinkaya
Arapkir
Çemişgezek
Karakoçan
Alacahan
2631
Keban Brj.
Bingöl
Hınzır Dağı
2641
2141
Hasançelebi
Kovancılar
Bünyan
Hekimhan
Keban
Elâzığ
Palu
Kayseri
Pınarbaşı
Gürün
2164
2116
Kara Kaya Brj.
Baltaşı
Hazar Gölü
3917
Tomarza
Darende
Yazıhan
Gölcük
Kemer
Malatya
Ergani
Develi
Ceyhan N.
Afşin
Elbistan
Darıca
2545
Doğanyol
Pınarlar
Pötürge
Çermik
Diyarba
Yahyalı
Göksun
Doğanşehir
Nemrut Dağı
Nemrut Dağı M. P.
Mezraa
Nurhak
Damlacık
Siverek
Feke
Süşat
Gölbaşı
Adıyaman
Karacadağ
Çokak
Kahraman-Maras
Akçalar
Besni
Hilvan
Karakeçi
Mazıdağı
Andırın
Atatürk Brj.
Derik
Kozan
Kadirli
Türkoğlu
Narlı
Pazarcık
Araban
Bozova
Viranşehir
Çukurköprü
Karatepe Aslantaş M. P.
Yavuzeli
Şanlıurfa
Kızıltepe
İmamoğlu
Düziçi
Kızbeyi
Islahiye
Nurdağı
Birecik
Onbimisan
Ceyhan
Osmaniye
GAZİANTEP
Suruç
Nizip
Harran
Ceylanpınar
Adana
Dörtyol
Çaybeyi
Ain al-Arab
Akçakale
Ras al-'Ain
Hassa
Cyrrhus
Kilis
Jarablos
Al-Manajier
Nustal
İskenderun
Al-Ghandura
Tell Abyad
Kırıkhan
Azaz
Kallsah
Sr'reenshamali
Skabro
Belen
Afrin
'Ain Dara
Al-Bab
Manbej
Qala'at Najm
Beer Arqo
Uluçınar
Qala'at Samaan
Arabiyeh
Sagireh
Reyhanlı
Khneiz Shamali
Antakya (Hatay)
HALAB (Aleppo)
Kweires
SYRIEN
As'sabeewa-'arba
Tell As'samn
Samandağı
Deirhafer
Al-Mahdoom
Mureibit
Raqqa
Idlib
Al-Karameh
Khas Alej
Al-Kabar
Ariha
Ebla
Khanaser
Al-Thaura
Al-Mansura
As'sabkha
Ghanem Ali
Al-Kisrah
Abuz'hour

D E F

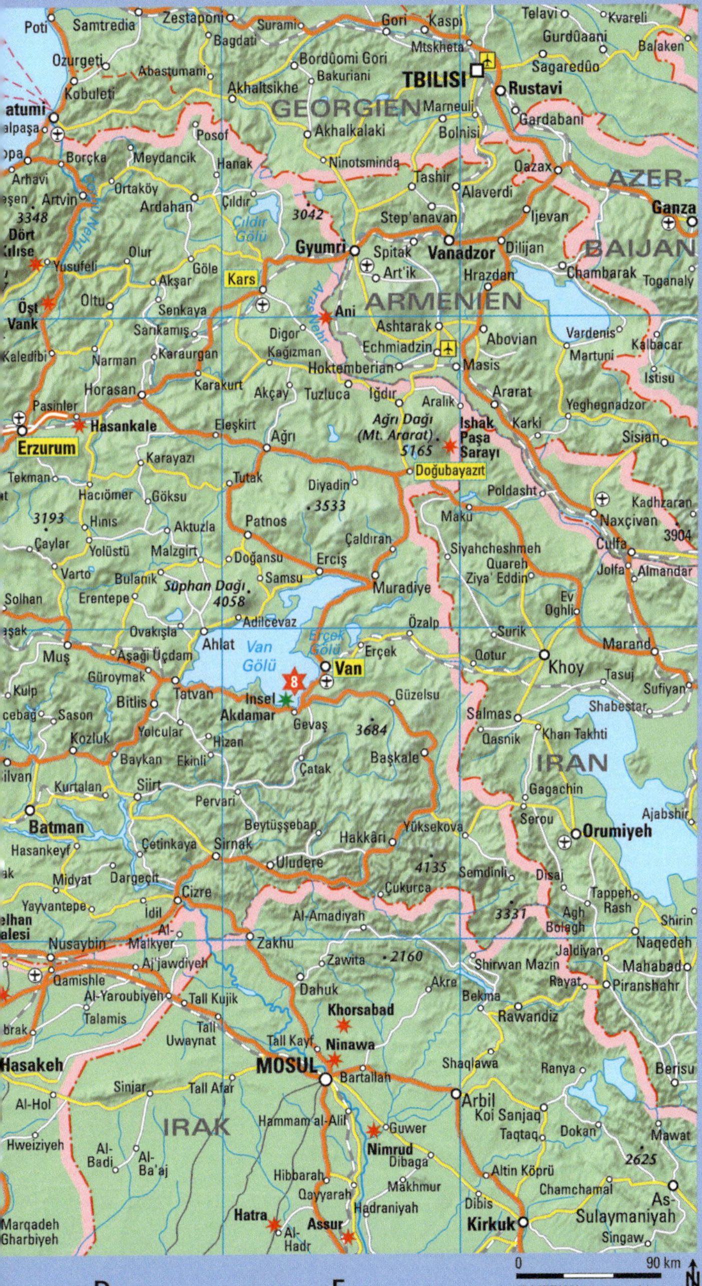

D E

© MERIAN-Kartographie

A
B
C
9
10
11
12
Edirne, İstanbul
Gelibolu
Tayfurköy
Karainebeyli
Bayırköy
Gelibolu Yarımadası
Çanakkale Boğazı (Dardanelles)
Lâpseki
Şevketiye
Şahinli
Colonae
Kozçeşme
Beycayırı
Büyük Kemikli Burnu
Küçük Anafarta
Yalova
Limnae
Bigalı
Umurbey
Dede Dağı
719
Gökçeada
Kabatepe
Sestus
Eceabat
Abytos
Yapıldak
Arisbe
Gürçeşme
Kefalo Burnu
Aydıncık
Kilitbahir
Çanakkale
Hacıgelen
Balcıar
Behramlı
Kepez
Kremaste
Çamyayla
Milli Parkı
İlyasbaba Brun
Abide
Mehmetcik Burnu
Güzelyalı
Karadağ
Bosta
Ortaca
Bahadırlı
Kum Burun
Achilleion
İntepe
Denizgöründü
Şerbetli
Etili
Tevfikiye
Dümrek
Kayacıdağ
877
Troja
Yeniköy
Salihler
Hacıkasım
Terziala
Muratlar
Akçapınar
Kuşçayır
Bardakçılar
Üvecik
Çamlıca
Söğütalan
Pınarbaşı
Biga Yarımadası
Kumburun
Yiğitler
Korucak
Karaköy
Zeybekça
Bozcaada
Akköy
Saçaklı
Odunluk İskelesi
Geyikli
Ezine
Pazarköy
Scepsis
Örenc
Bozcaada
Bayramiç
Gedik
Çıpılar
Dalyan
Türkmenli
Policlina
Alexandreia
Pınarbaşı
Daloba
Evciler
Sarısöğüt
Troas
Uluköy
Kolonia
1774
Yaylacık
Misvak
Kaz Dağı
Tavaklı
Bahçeli
Baharlar
Kaz Dağı Milli Parkı
Yaşy
Kavak Dağı
Babadereköy
672
Pioniai
Zeytinli
Ayvacık
Bahçedere
Altınoluk
Tuzla
Antandros
Akçay
Edrem
Tamış
Lamponia
Astyra
Gülpınar
Küçükkoyu
Chryse
Korubaşı
Büyükhusun
Ören
Büyükder
Assos
Edremit Körfezi
Hamaxitos
Behramkale
Andramiteion
Burhaniy
Baba Burun
Şarköy
Myrina, Ágios Efstratios, Kavala
Maden Adası
Pyrrha
Karaağaç
Akra Karakas
Mithymna
Skala Sykamineas
Gömeç
Yunuslar
Lesbos (Midilli)
Lepetimnos
Alibey Adası
836
Alibey
Ayvalık
Perivolis
Mantamados
Şeytan Sofrası
Küçükköy
Bagyüzü
Perperene
Skalachórion
Sarımsaklı
Demirdere
Göbeller
Agia Paraskevi
Kalloni
Trarium
Mistegna
Altınova
Parakoila
Kıratlı
Canae
Kólpos Kalloni
Paralia Thermís
Agra
Thermi
Melene
GRIECHENLAND
Mytilíni
Bergan
Kólpos Geras
Agiasos
Atarneus
Sağancı
Dikili Körfezi
968
Olympos
Ampelikon
Dikili
Perama
Loutra
Skopelos
Kratigos
Carane
349
Bademli
Yeniköy
116
İstanbul
Çandarlı
Zeytin
Yenişa
E87
E90
550
200
210

D E F

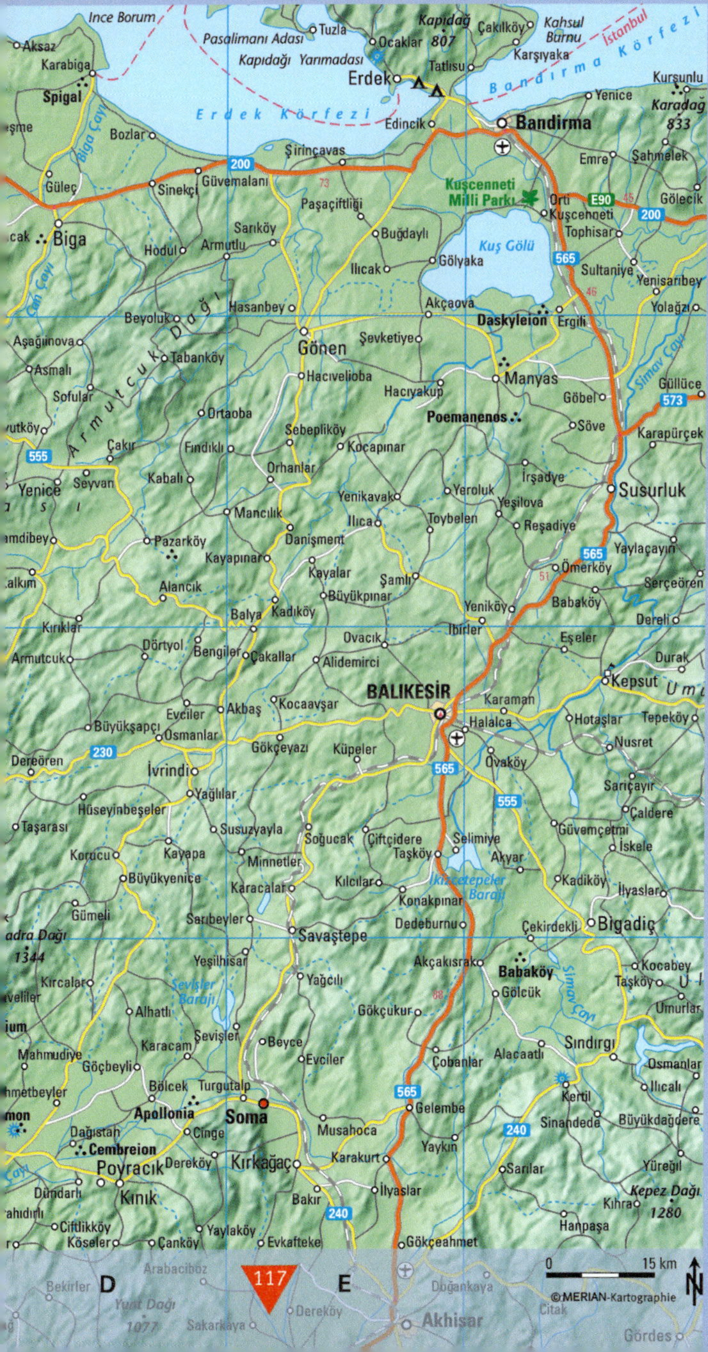

9

10

11

12

D E F

114
A
B
C
13
14
15
16
Ägäisches Meer
Venezia
Istanbul
Çandarlı
Zeytin
Çandarlı Körfezi
Yenişa
Myrina
Aliağa
Kyme
Karakuzu
Dumanlı D
1092
Aslan Burnu
Yenifoça
Foça
Buruncuk
Larissa
Taşkule
Bozolan
Menemen
Tuzculu
Ulucak
Kaklic
Çamaltı
Karşıyaka
Kömür Burnu
Hasseki
Karaburun
Salman
Kösedere
Küçükbahçe
Uzun Ada
Mordogan
Gülbache Körfezi
İzmir Körfezi
Çeşmealtı
Chios
Akra Vamvakas
Marmaron
Oinoussai
Pityous
Pasas
Vrontados
Kara Ada
Top Burun
Chios
Chalkeion
Dalyan
Çeşme
Ilıca
Balıklıova
Ildırı
Kadıovacık
Gülbahçe
Urla
Balçova
Teke Dağı
1040
Gaziemir
Efençukuru
Ovacık
Alaçatı
Yağcılar
Bademler
Nenita
Kıran Dağı
712
Sığacık
Teos
Seferihisar
Beyler
Menderes
Rafina
Bari, Brindisi, Ancona
Sığacık Körfezi
Keler
Ürkmez
Teke Burnu
Doğanbey
Gümüldür
Doğanbey Burun
Özdere
Notion
Neon Karlovasion
Samos
Kokkarion
Samos
Akra Praso
Kastanea
Vathy
Pyrgos
Psili Ammos
Mykonos
Votsalakia
Kólpos Marathokámpos
Pagóndas
Dilek Yarımadası Milli Parkı
Dil Burnu
Karine
Evdilos
Ag. Kirikos
Ag. Kérykos
Ikaría
Foúrni
Páros
Agathonisi
Megálo Chório
Arkoi
300
032
505
250
550
75
E87

D
E
F
115
118
13
14
15
16
Kınık
Bakır
İlyaslar
Kepez Dağı
1280
Kınra
Hanpaşa
Çitlikköy
Köseler
Yaylak
Çanköy
Evkafteke
Gökçeahmet
Arabacıboz
Doğankaya
Bekirler
Yunt Dağı
1077
Dereköy
Akhisar
Citak
Sakarkaya
Gördes
Kızıldam
Kaşıkçı
Hatıplar
Gökçe
Yayakırıldık
Deliler
Maldan
Demirci
Kapaklı
Boyalı
Kayışlar
Kavakalan
Sarıçam
Beyoba
Yeniköy
Alanyolu
Gördes Deresi
Osmancalı
565
Selendi
Çömlekçi
Köprübaşı
Saruhanlı
Hacıhıdır
Bozalan
Halitpaşa
Gölmarmara
Gökeyüp
Gediz Nehri
Koldere
Marmara Gölü
Dibek Dağı
1100
MANİSA
Büyükbelen
Poyrazdamları
Gürle
Pazarköy
Kabartama
Musulcalı
Kargın
Gökçe
Sipil Dağı
Dombaylı
250
Saribey
Urganlı
Ahmetli
Taytan
Yakaköy
300
Turgutlu
Gökkaya
Sardes
Salihli
Ulucak
Çambel
Bozkır
Köseali
İZMİR
Kemalpaşa
Damatlı
Bağyurdu
Yukarıkızılca
B o z D a ğ l a r
Çatmadağı
1337
Karaköy
Gölcük
Bozdağ
Boz Dağı
2137
Ovacik
Dağkızılca
Kanberler
Çatak
Alankıyı
Ayrancılar
Korucuk
Ergenli
Ödemiş
Birgi
Kiraz
310
Torbali
Çırpı
Tokatbaşı
Küçük Menderes
Kaymakçi
Haliller
Tire
Göcken
Ovakent
Ahmetli
Subaşı
Ayaklıkırı
Beydağ
Küçükkemerdere
Bademli
Üzümler
A y d ı n D a ğ l a r ı
Samailli
Selçuk
Ephesos
Bozköy
Mastaura
Ilıdağ
Nysa
Nazilli
031
Sultanhisar
Germencik
Tralleis
320
Donduran
Kuşadası
İncirliova
Aydın
Umurlu
Kösk
515
Yenipazar
Alamut
Büyük Menderes Nehri
Dalama
Baltaköy
Söke
Koçarli
D o ğ u M e n t e s e
Davutlar
Bağarası
Güneyköy
Yeniköy
B a t ı
Bozdoğan
525
Gafarlar
Sayrakçı
Çine
Topçambaba Dağı
1792
Ulukonak
Yesilköy
Alabanda
Bafa Gölü
Karakaya
Meriçler
Karpuzlu
Milet
Euromos
Eskiçine
15 km
Kapıkırı
Hatipkışlası
Akçaova
Geyik Barajı
Pınarcık
Çamiçi
Narhisar
Teichiussa
© MERIAN-Kartographie
Hacıpaşalar Köprüsü
N

A
B
C
117
17
18
19
20
İZMİR
Kemalpaşa
Bağyurdu
Urla
Gülbahçe
Ildırı
Top Burun
Balçova
Teke Dağı
1040
Menderes
Ayrancılar
Alankıyı
Ergenli
Ödemiş
Birgi
Yağcılar
Sığacık
Seferihisar
Teos
Sığacık Körfezi
Keler
Çırpı
Küçük Menderes
Kaymakçı
Teke Burnu
Doğanbey
Gümüldür
Ahmetli
Subaşı
Göcken
Tire
Klaros
Küçükkemerdere
Chios
Doğanbey Burun
Notion
Ahmetbeyli
Üzümler
Selçuk
Ephesos
Bozköy
Aydın Dağları
Tralleis
Sultanhisar
Kuşadası
Aydın
Germencik
Neon Karlovasion
Samos
Kokkarion
Akra Praso
Köşk
Vathy
Panionion
Davutlar
Söke
Koçarli
Baltaköy
Dalama
Votsalakia
Pagóndas
Priene
Bağarası
Kólpos Marathokámpos
Dilek Yarımadası Milli Parkı
Karine
Gafarlar
Alabanda
Çine
Foúrni
Sarıkemer
Yesilköy
Mericler
Bafa Gölü
Euromos
Karpuzlu
Eskiçine
Milet
Kapıkırı
Akçaova
Agathonissi
Narhisar
Geyik Barajı
Pátmos
Arkoi
Megálo Chorió
Teichiussa
Camiçi
Euromos
Lagina
Didyma
Akbük
Sarıkaya
Leipsoi
Farmakonísio
Tekeağaç Burun
Altınkum
Iasos
Milas
Eskhisiar
Güllük Körfezi
Bencik
Parthenion
Güllük
Bencik Dağı 1396
Léros
Salih Adasi
Kindya
Ikizköy
Yalıkavak
Torba
Pesados
Kalólymnos
Karaova
Akra Tilos
Myndos
Ortakent
Bodrum
Pinarköy
Kálymnos
Suangela
Ören
Keramos
Telendos
Póthia
Psérimos
Karaincir
Fener Burnu
Kara Ada
Kedreai
Gökova Körfezi
Mastichári
Kos
Akra Ag. Fókas
Yuvacık
Asfendiou
Andimáchia
Reşadiye Yarımadası
Kardámena
Emecik
Hisarönü
Kos
İskandil Burnu
Körmen
Kargi
Datça
Hisarönü Körfezi
Gialí
Knidos
Mesudiye
Nimos
Bozburun
Söğüt
Mandraki
Emporeiós
Pedion
Nikía
Níssyros
Sími
Kara Burun
Sporades (Dodekanisos)
Notioi
Sesklion
Akra Orfos
Ág. Antónios
Tílos
Livádia
Akra Zónari
Akra Trachílos
Antitílos
Syrna
Soróni
Alimia
Psínthos
Chálki
Sálakos
Chálki
Kritinía
Akra Armenistís
Archángelos
Venedig
Iráklion
Diafanio
Kárpathos
Ístrios
Kálathos
Apolakkiá
Líndos

A B C

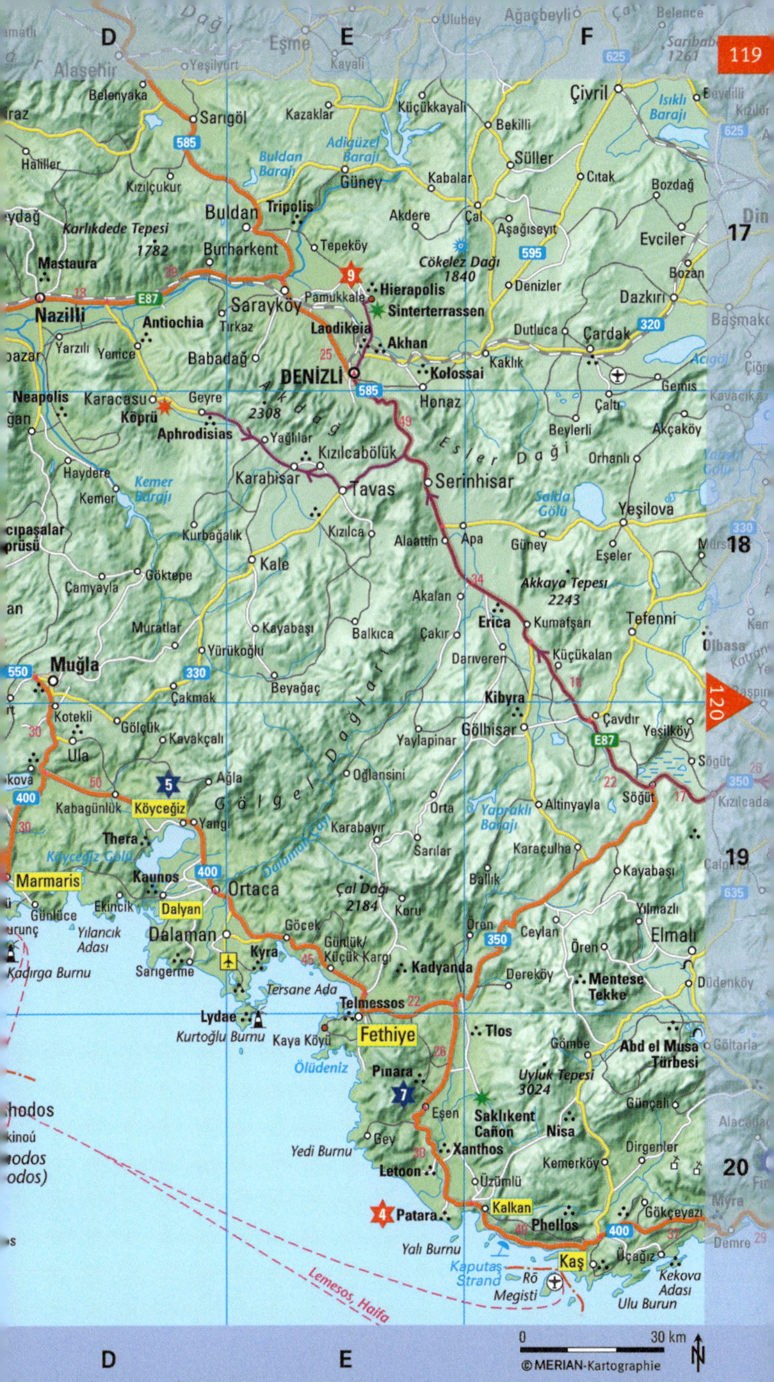
D
E
F
17
18
19
20
120
Alaşehir
Eşme
Ulubey
Ağaçbeyli
Belence
Sarıbaba 1261
Yeşilyurt
Kayalı
Belenyaka
Sarıgöl
Kazaklar
Küçükkayalı
Çivril
Işıklı Barajı
Beydilli
Kızılör
Haliller
Buldan Barajı
Adıgüzel Barajı
Bekilli
Süller
Kızılçukur
Güney
Kabalar
Cıtak
Bozdağ
Karlıkdede Tepesi 1782
Buldan
Tripolis
Akdere
Çal
Aşağıseyit
Evciler
Mastaura
Burharkent
Tepeköy
Çökelez Dağı 1840
Denizler
Bozan
Nazilli
Antiochia
Sarayköy
Pamukkale
Hierapolis
Sinterterrassen
Dazkırı
Başmakçı
E87
Tırkaz
Laodikeia
Dutluca
Çardak
Yarzılı
Yenice
Babadağ
Akhan
Kaklık
Acıgöl
Çiğri
DENİZLİ
Kolossai
Gemis
Neapolis
Karacasu
Geyre
Honaz
Çaltı
Kavacık
Köprü
Aphrodisias
Akdağ 2308
Yağlılar
Eşler Dağı
Beylerli
Akçaköy
Kızılcabölük
Orhanlı
Haydere
Kemer Barajı
Karahisar
Tavas
Serinhisar
Salda Gölü
Yeşilova
Kemer
Kurbağalık
Kızılca
Alaattin
Apa
Güney
Eşeler
Kale
Göktepe
Çamyayla
Akkaya Tepesi 2243
Akalan
Erica
Kumafşarı
Tefenni
Muratlar
Kayabaşı
Balkıca
Çakır
Küçükalan
Yürükoğlu
Darıveren
Muğla
Çakmak
Beyağaç
Kibyra
Çavdır
Yeşilköy
Kotekli
Gölcük
Yaylapınar
Gölhisar
Ula
Kavakçalı
Oğlansini
Söğüt
Ağla
Kabağünlük
Köyceğiz
Yangı
Gölgeli Dağları
Orta
Yapraklı Barajı
Altınyayla
Kızılcada
Thera
Köyceğiz Gölü
Dalaman Çayı
Karabayır
Sarılar
Karaçulha
Kayabaşı
Marmaris
Kaunos
Ortaca
Çal Dağı 2184
Ballık
Ekincik
Dalyan
Koru
Yılmazlı
Günlüce
Göcek
Ceylan
Elmalı
Yılancık Adası
Dalaman
Kyra
Günlük/ Küçük Kargı
Ören
Kadırga Burnu
Sarıgerme
Kadyanda
Dereköy
Mentese Tekke
Düdenköy
Tersane Ada
Telmessos
Lydae
Kurtoğlu Burnu
Kaya Köyü
Fethiye
Tlos
Gömbe
Abd el Musa Türbesi
Göltarla
Ölüdeniz
Pınara
Uyluk Tepesi 3024
Esen
Saklıkent Cañon
Nisa
Güngalı
Rhodos
Gey
Yedi Burnu
Xanthos
Dirgenler
Letoon
Üzümlü
Kemerköy
Patara
Kalkan
Phellos
Gökçeyazı
Myra
Demre
Yalı Burnu
Kaputaş Strand
Kaş
Üçağız
Rō
Megisti
Kekova Adası
Ulu Burun
Lemesos, Haifa
0
30 km
N
© MERIAN-Kartographie

A B C

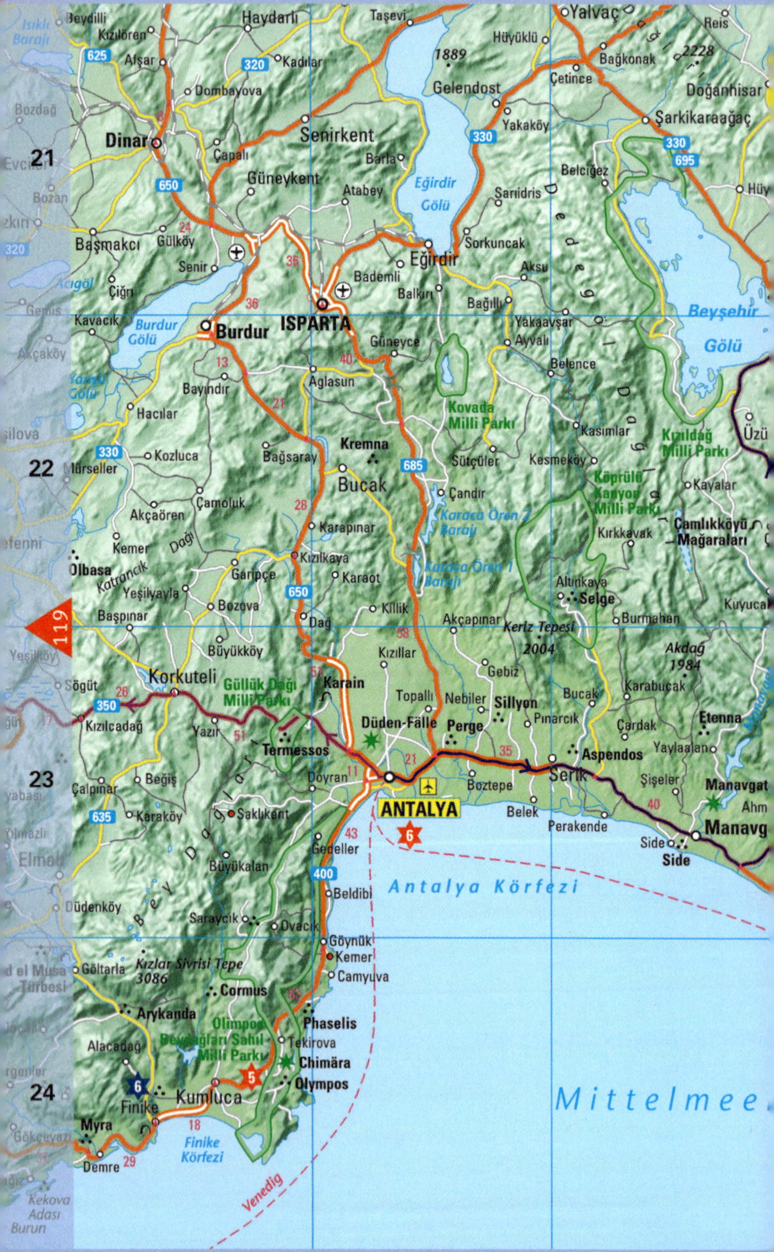

Beydilli
Kızılören
Afşar
Haydarlı
Kadılar
Taşevi
Yalvaç
Reis
Hüyüklü
1889
Bağkonak
2228
Gelendost
Çetince
Doğanhisar
Dombayova
Şarkikaraağaç
Yakaköy
Dinar
Senirkent
Çapalı
Barla
Belciğez
Güneykent
Eğirdir Gölü
Atabey
Sarıidris
Başmakcı
Gülköy
Sorkuncak
Eğirdir
Aksu
Senir
Bademli
Balkırı
Bağıllı
Çiğri
Acıgöl
Beyşehir Gölü
Kavacık
Burdur Gölü
Burdur
ISPARTA
Güneyce
Yakaavşar
Ayvalı
Belence
Aglasun
Bayındır
Kovada Milli Parkı
Hacılar
Kasımlar
Kızıldağ Milli Parkı
Kremna
Kozluca
Bağsaray
Sütçüler
Kesmeköy
Dedegöl Dağları
Bucak
Köprülü Kanyon Milli Parkı
Kayalar
Mürseller
Çamoluk
Çandır
Akçaören
Karapınar
Karaca Ören 2 Barajı
Kırkkavak
Çamlıkköyü Mağaraları
Kemer
Katrancık Dağı
Kızılkaya
Olbasa
Garipçe
Karaot
Karaca Ören 1 Barajı
Altınkaya
Selge
Yeşilyayla
Bozova
Killik
Burmahan
Kuyucak
Başpınar
Dağ
Akçapınar
Keriz Tepesi 2004
Büyükköy
Kızıllar
Akdağ 1984
Gebiz
Korkuteli
Söğüt
Güllük Dağı Milli Parkı
Karain
Karabucak
Topallı
Nebiler
Sillyon
Bucak
Kızılcadağ
Yazır
Düden-Fälle
Perge
Pınarcık
Çardak
Etenna
Termessos
Aspendos
Yaylaalan
Beğiş
Doyran
Serik
Şişeler
Manavgat
Çalpınar
ANTALYA
Boztepe
Belek
Karaköy
Saklıkent
Perakende
Manavgat
Gedeller
Side
Büyükalan
Antalya Körfezi
Beldibi
Düdenköy
Beydağları
Saraycık
Ovacık
Göynük
Kemer
Göltarla
Kızlar Sivrisi Tepe 3086
Camyuva
Cormus
Arykanda
Phaselis
Olimpos Beydağları Sahil Milli Parkı
Alacadağ
Tekirova
Chimära
Olympos
Kumluca
Finike
Mittelmeer
Myra
Finike Körfezi
Demre
Venedig
Kekova Adası Burun
Işıklı Barajı
Bozdağ
Evciler
Bozan
Gemiş
Akçaköy
Yarışlı Gölü
Silova
Yeşilköy
Elmalı
Abdal Musa Türbesi
Gökçeyazı
Hüyük
Üzümlü
21
22
23
24
119
625
320
650
330
695
685
635
350
400

A B C

D E F

D E

21
22
23
24

Hier finden Sie alphabetisch aufgeführt alle in diesem Band beschriebenen Orte und Ziele, Routen und Touren. Bei einzelnen Sehenswürdigkeiten steht jeweils der dazugehörige Ort in Klammern, bei Hotels steht zusätzlich die Abkürzung H für Hotel. Außerdem enthält das Register wichtige Stichworte sowie alle MERIAN-TopTen und MERIAN-Tipps dieses Reiseführers. Wird ein Begriff mehrfach aufgeführt, verweist die **fett** gedruckte Zahl auf die Hauptnennung, eine *kursive* Zahl verweist auf ein Foto.

Liebe Leserinnen und Leser,
wir freuen uns, Ihre Meinung zu diesem Reiseführer zu erfahren. Bitte schreiben Sie uns, wenn Sie Berichtigungen und Ergänzungsvorschläge haben oder wenn Ihnen etwas besonders gut gefällt:

TRAVEL HOUSE MEDIA GmbH, Postfach 86 03 66, 81630 München
E-Mail: merian-live@travel-house-media.de Internet: www.merian.de

Die Autoren

Michael und Edda Neumann-Adrian reisen seit bald 25 Jahren in der Türkei. Zusammen mit ihrem Sohn Christoph K. Neumann sind sie Autoren zahlreicher Bücher über das Land, u. a. »Türkei – Ein Land und 9000 Jahre Geschichte« sowie MERIAN *live!* Türkei Südküste. Sie leben als Publizisten am Starnberger See.

Die Textteile zu Istanbul basieren auf Texten von Christoph K. Neumann aus dem Band MERIAN*live!* Istanbul. Er ist Turkologe und Osmanist und lehrt an der Bilgi-Universität Istanbul.

Bei Interesse an Karten aus MERIAN-Reiseführern wenden Sie sich bitte an:
iPUBLISH GmbH, geomatics
E-Mail: geomatics@ipublish.de

Bei Interesse an Anzeigenschaltung wenden Sie sich bitte an:
KV Kommunalverlag GmbH & Co KG
MediaCenterMünchen
Tel. 0 89 – 92 80 96 – 44
E-Mail: kramer@kommunal-verlag.de

Fotos

Titelbild: Sinterterrassen von Pamukkale (Bildagentur Huber/ F. Damm); alle übrigen Fotos R. Hackenberg außer Bildagentur Huber/R. Schmid 38; laif/Contrasto 74; / R. Harscher 7, 86/87; /Hemispheres 62; / E. Martin 94; /Schliack 12; /Tophoven 4/5, 36; look/B. Limberger 18; /I. Pompe 70; G. Kali 9; H. Mielke 16, 93; G. P. Müller 22, 35, 61, 65, 96/97; M. Neumann-Adrian 91; Schapowalow/Atlantide 52; /Huber 1; /SIME 30; W. Seitz/edition vasco 10/11, 14, 32; M. Thomas 59, 66; timmermann fotopresse 48; H. Wagner 89

Alle Angaben in diesem Reiseführer sind gewissenhaft geprüft. Preise, Öffnungszeiten usw. können sich aber schnell ändern. Für eventuelle Fehler übernimmt der Verlag keine Haftung.

Programmleitung
Susanne Böttcher
Redaktion
Susanne Kronester
Lektorat
Julia Gschwilm
Gestaltung
wieschendorf.design, Berlin
MERIAN-Quiz
Verónica Reisenegger (Konzept und Idee)
Karten
MERIAN-Kartographie
Satz
h3a GmbH, München
Druck
Appl, Wemding
Bindung
Auer, Donauwörth
Gedruckt auf
Nopacoat Edition von der Papier Union

1. Auflage

TRAVEL HOUSE MEDIA

100 JAHRE
GANSKE VERLAGSGRUPPE

Türkei

MERIAN-Tipps

Tipps und Empfehlungen für Kenner und Individualisten

1 Babylon
Als eine der hundert besten Jazzbühnen bekannt, Treffpunkt großartiger Musiker in Istanbul (→ S. 34).

2 Club Orient
Eine Türkin und ein Deutscher zauberten einen Urlaubsplatz voller Harmonie unmittelbar am Meer (→ S. 43).

3 Didyma
Überraschung inmitten eines unauffälligen Dorfs: einer der monumentalsten Griechentempel, eine Orakelstätte wie in Delphi (→ S. 50).

4 Lavanta Village
Eines der geglücktesten kleinen Hotels auf der Halbinsel Bodrum (→ S. 54).

5 Die Forellen von Yuvarlak Çay
Heiter speisen auf Plattformen über frischkühlem Fluss – das kann man hier in besonders schöner Atmosphäre (→ S. 58).

6 Lykischer Wanderweg
Heute noch ein Minderheiten-Erlebnis: Wanderland Türkei! (→ S. 61).

7 Die Steilwand von Pınara
Wenige finden zu dieser fantastischen Totenstadt der Grabhöhlen und Sarkophage (→ S. 64).

8 Ein Kloster wie ein Vogelnest
Im bergigen Hinterland des Schwarzen Meers zu entdecken: eine uralte Stätte christlicher Gemeinschaft – an steiler Felswand (→ S. 84).

9 Museum der Frauenhaare
Ein Töpfer sammelt seit Jahrzehnten Haare seiner Kundinnen – das kurioseste Museum Kappadokiens (→ S. 94).

10 Die Hauptstadt der Hethiter
Auf einsamen Höhen östlich von Ankara: Hattuşa, die Hauptstadt der Hethiter und ihres Großreichs (→ S. 95).

← MERIAN-TopTen finden Sie auf Seite 1